On line EDITORA

Presidente: Paulo Roberto Houch
Vice-Presidente Editorial: Andrea Calmon
redacao@editoraonline.com.br

GUIA DE artesanato BEBÊ

REDAÇÃO
Jornalista Responsável: Andrea Calmon – MTB 47714
Editora: Aline Ribeiro

PROGRAMAÇÃO VISUAL
Coordenadora de Arte: Angela Cordoni Houck
diagramacao@editoraonline.com.br
Programação Visual: Faho Comunicação Visual (Fernando Gomes)

ESTÚDIO FOTOGRÁFICO
Fotógrafa: Fernanda Venâncio

PRODUÇÃO FOTOGRÁFICA
Coordenadora: Elaine Simoni
elainesimoni@editoraonline.com.br

COLABORARAM NESTA EDIÇÃO: Adriana Barbosa, Alexandre Andrade, André Witnner, Camila Calicchio, Carla Paraizo, Mônica Antunes, Rodrigo Estrella e Sidney Doll (fotos). Ana Claudio Romaro, Cristiane Alberto, Michele Paladini, Sheila Rodrigues e Vera Lúcia Ayres (produção). Bruna Neto, Elaine Iorio, Gabriela Meschini e Vanessa Moraes (textos)

PUBLICIDADE
Gerente Comercial: Elaine Houch
Supervisores: Bernard Correa e Gisele França
Agências: agencia@editoraonline.com.br
Executivos de Contas : Antonio Demésio, Denise Abe, Camila Vinhas e Luciana Lemes
Operações Comerciais: Joelma Lima
Representantes: Brasília - (61) 3034-3704
Rio de Janeiro – (21) 3598-1172
Rio Grande do Sul - (51) 3374-5672

MARKETING
Supervisor de Marketing: Vinícius Fernandes
Assistente de Marketing: José Antônio da Silva

CANAIS ALTERNATIVOS DEP. VENDAS Luiz Carlos Sarra
(11) 3687-0099
vendaatacado@editoraonline.com.br

LOGÍSTICA E ARMAZENAGEM Luiz Carlos Sarra
luizcarlos@editoraonline.com.br

ADMINISTRAÇÃO
Diretora Administrativa: Jacy Regina Dalle Lucca
financeiro@editoraonline.com.br

CRÉDITO E COBRANÇA cobranca@editoraonline.com.br

ASSINATURAS CORPORATIVAS
Consulte sobre descontos e condições especiais, entre em contato e solicite uma proposta direto com o IBC (11) 3393-7717 ou através do e-mail.: pamelacorrea@editoraonline.com.br

ASSINATURAS: assinatura@editoraonline.com.br

Impresso por **PROL**
Distribuição no Brasil por **Dinap**

GUIA DE ARTESANATO BEBÊ é uma publicação do IBC - Instituto Brasileiro de Cultura Ltda. – Caixa Postal 61085 – CEP 05001-970 – São Paulo – SP – Tel.: (0**11) 3393-7777

Números Atrasados com o IBC ou por intermédio do seu jornaleiro ao preço da última edição acrescido das despesas de envio.
Para adquirir com o IBC – www.revistaonline.com.br, Tel.: (0**11) 3512-9477 ou Caixa Postal 61085 - CEP 05001-970 - São Paulo - SP.

CIP-BRASIL. CATALOGAÇÃO-NA-FONTE
SINDICATO NACIONAL DOS EDITORES DE LIVROS, RJ

G971

Guia artesanato bebê / [Aline Ribeiro]. - 2. ed. - São Paulo : OnLine, 2015.
96 p. : il. ; 28 cm.

ISBN 978-85-432-0572-4

1. Artesanato. I. Título.

15-19527 CDD: 745
CDU: 745

27/01/2015 27/01/2015

Nasce uma história!

Quando o assunto é artesanato, um dos temas mais cogitados do momento é bebê. Isso porque, cada vez mais, mamães e papais querem fazer artigos únicos para seus filhos. Pode ser um kit berço personalizado ou então um chá de bebê totalmente diferente.

Pensando nisso, apresentamos a segunda edição do *Guia Artesanato Bebê* **– uma seleção das melhores ideias de enxoval, lembrancinhas, decoração para o quarto e festividades relacionados ao universo infantil. Nas próximas páginas, você irá se surpreender com cada peça apresentada. E vale dizer: todas, sem exceção, foram elaboradas por artesãos e artistas plásticos renomados. Vale a pena conferir cada uma!**

Seja para enriquecer o enxoval de seu próprio filho, seja para fazer e vender essas ideias (que podem ter ótimo retorno!), todas as sugestões são válidas. Vire a página e comece a construir uma nova etapa de sua vida!

Um grande beijo,

Aline Ribeiro

alineribeiro@editoraonline.com.br
redação@editoraonline.com.br

Índice

Enxoval do bebê

Casaquinho, body, macacão, touquinha... Nossa, quantas roupinhas e acessórios o bebê irá precisar? Calma, compre somente o necessário, mas não deixe de fazer peças totalmente exclusivas. A seguir, confira belas opções com um toque artesanal

Foto: Adriana Barbosa • Produção: Michele Paladini • Criação e Execução: Tereza Callegari

Foto: Adriana Barbosa • Produção: Michele Paladini • Criação e Execução: Rosely Sangermano

Foto: Adriana Barbosa • Produção: Michele Paladini • Criação e Execução: Tereza Callegari

Foto: Adriana Barbosa • **Produção:** Michele Paladini • **Criação e Execução:** Nena Jacob • **Edredon rosa bailarina:** Altenburg • **Papel de parede:** Koala Baby • **Cerquinha de parede:** Mama Art

Foto: Adriana Barbosa • Produção: Michele Paladini • Criação e Execução: Nena Jacob

Foto: Adriana Barbosa • Produção: Michele Paladini • Criação e Execução: Nena Jacob

Colete colorido com golinha (recém-nascido)

Tamanho: 0 a 3 meses

Materias: 1 novelo da linha Anne, nas cores: mescla (9946) e rosa (6078) da Círculo; agulha para crochê n° 2 (1,75 mm).

Pontos empregados: ponto (p.), correntinha (corr.), ponto baixíssimo (p.bx.), ponto baixo (p.b.) e ponto alto (p.a.).

Como fazer: comece pela barra das costas. Com a linha mescla, faça 59 correntinhas, 1 ponto alto na 5ª correntinha a contar da agulha e trabalhe acompanhando o diagrama 1. A 19 cm de comprimento, arremate.

Frente direita - prenda a linha mescla no 16° ponto das costas, a contar do ombro com 1 ponto baixíssimo. Faça 13 correntinhas, 1 ponto alto na 5ª correntinha a contar da agulha e trabalhe acompanhando o diagrama 1. A 19 cm de comprimento, arremate.

Frente esquerda - trabalhe da mesma maneira que na frente direita.

Acabamento e montagem: com a linha rosa, faça o bico para acabamento ao redor de toda a peça de crochê, acompanhando o diagrama 2. Com a linha rosa, una 6 cm das laterais com pontos baixos e correntinhas, acompanhando o diagrama 3. Prenda a linha rosa com 1 ponto baixíssimo, centralizada na frente direita, 6 cm acima da barra e trabalhe um cordão de correntinhas, preso no crochê mesclado em direção à abertura da frente. Faça mais 8 cm de correntinhas e arremate. Trabalhe da mesma maneira na frente esquerda. Vire as pontas da gola e prenda com pequenos pontos.

Amostra: um quadrado de 5 x 5 cm (agulha para crochê n° 2) = 15 pontos x 6 carreiras medidos sobre o ponto fantasia (diagrama 1).

Diagrama 1

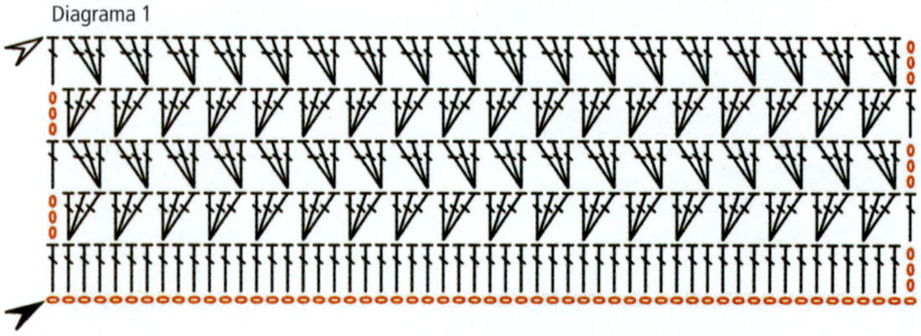

Ideal para o neném que nasceu durante a estação mais fria do ano.

Diagrama 2

Diagrama 3

Esquemas de montagem

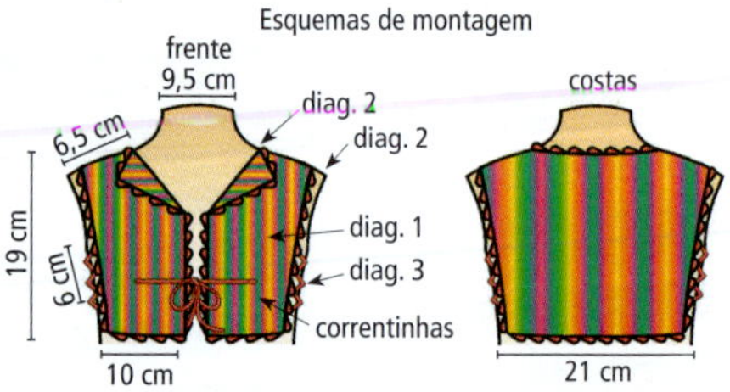

Colete amarelo com botões de joaninha

Tamanho: 3 a 6 meses.

Materiais utilizados: 1 novelo da lã Mollet na cor amarela (325) da Círculo; 1 par de agulhas para tricô n° 4 e n° 5; 6 botões em formato de joaninha.

Pontos empregados: ponto (p.), tricô (t.) e meia (m.).

Como fazer: frente - comece pela barra. Monte 50 pontos na agulha para tricô n° 4 e trabalhe no ponto de barra 1/1, acompanhando o diagrama 1. A 3,5 cm de comprimento, mude para a agulha n° 5 e para o ponto fantasia, acompanhando o diagrama 2. A 9 cm de comprimento, forme o decote e a gola dividindo o trabalho ao meio, e trabalhe primeiro o lado esquerdo. Trabalhe 25 pontos no ponto fantasia, monte 9 pontos na agulha, trabalhando-os ponto tricô acompanhando o diagrama 3. A cada 4 carreiras, trabalhe 2 pontos juntos em meia, antes dos 12 últimos pontos 6 vezes. A 24 cm de comprimento, arremate os 19 pontos fantasia e trabalhe somente sobre os 12 pontos tricô por mais 4,5 cm. Arremate todos os pontos. Para o lado direito, monte 9 pontos na agulha, que deverão ser trabalhados no ponto tricô, e retome os pontos à espera. A cada 4 carreiras, trabalhe 2 pontos juntos em meia após os primeiros 12 pontos tricô 6 vezes. A 24 cm de comprimento, arremate os 19 pontos fantasia e continue trabalhando somente sobre os 12 pontos tricô por mais 4,5 cm e arremate todos os pontos.

Costas - comece pela barra. Monte 50 pontos na agulha para tricô n° 4, e trabalhe no ponto de barra 1/1, acompanhando o diagrama 1. A 3,5 cm de comprimento, mude para a agulha n° 5 e para o ponto fantasia, acompanhando o diagrama 2. A 24 cm de comprimento, arremate todos os pontos.

Acabamento e montagem: costure os ombros e 10 cm inferiores das laterais. Una as pontas da gola e costure no decote das costas. Pregue um botão em cada ponta da gola, como mostra o esquema. Vire 3 cm da parte superior da cava para cima do ombro e pregue dois botões de cada lado.

Amostra: um quadrado de 5 x 5 cm (agulha para tricô n° 5) = 9 pontos x 14 carreiras medidos sobre o ponto tricô (diagrama 3).

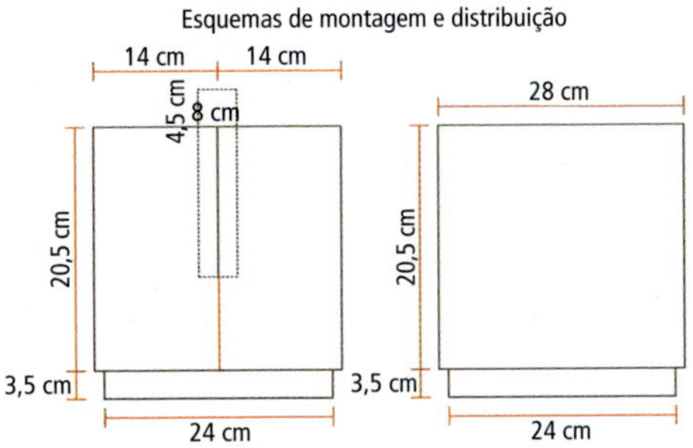

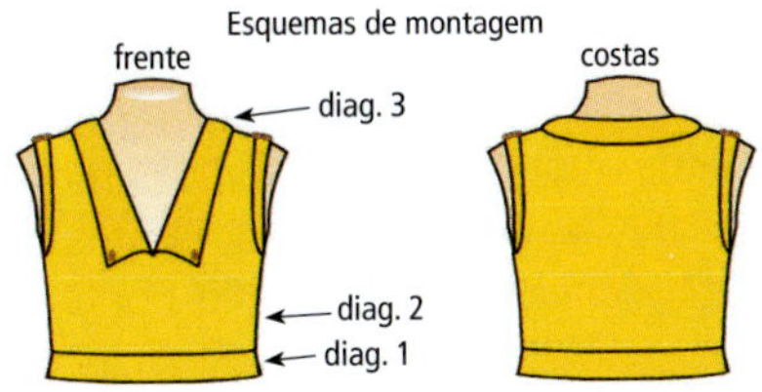

Em amarelo, este colete cai bem tanto para o menino quanto para a menina. O detalhe dos botões de joaninha é o diferencial desta peça.

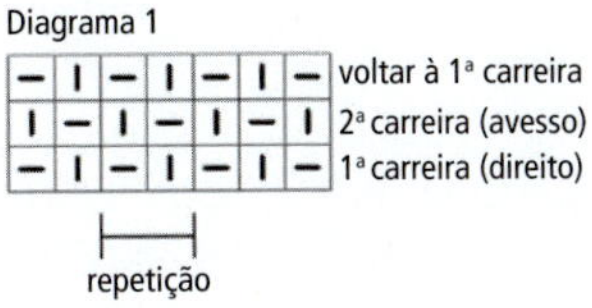

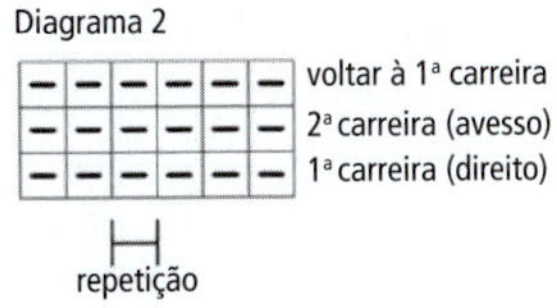

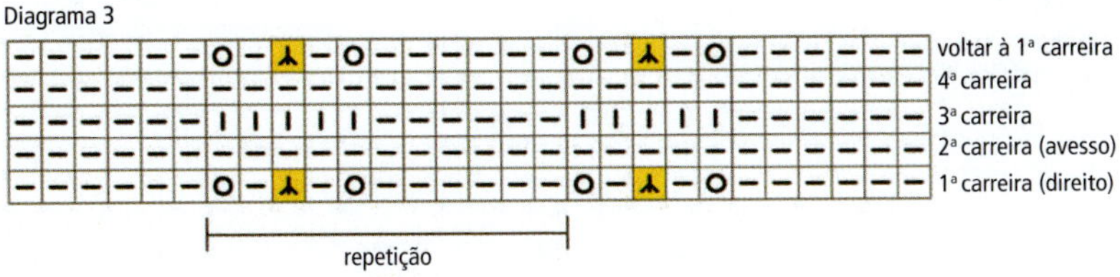

Diagramas 1 a 3	
Tamanho 3 a 6 meses	
–	tricô
I	meia
O	laçada
⅄	mate duplo (tirar 1 ponto s/ fazer, 2 pontos juntos em tricô, arrematar o ponto s/ fazer sobre o tricotado)

Casaquinho rosa com lacinhos (recém-nascido)

Tamanho: 0 a 3 meses.

Materiais: 1 novelo da Linha Anne (500 m) na cor mescla (9722) da Círculo; agulha para crochê nº 2 (1,75 mm); 1,5 m de fita de cetim rosa com 0,7 cm de largura; 3 botões rosa.

Pontos empregados: ponto (p.), correntinha (corr.), ponto baixíssimo (p.bx.), ponto baixo (p.b.), ponto alto (p.a.) e picô (3 correntinhas, 1 ponto baixíssimo na 1ª correntinha).

Como fazer: pala - faça 99 correntinhas. 1 ponto alto na 6ª correntinha, a contar da agulha, 1 ponto alto em cada correntinha seguinte (total 96 pontos), faça 3 correntinhas para virar o trabalho. Continue da seguinte maneira:

2ª carreira: 19 pontos altos (frente esquerda), 1 ponto alto, 2 correntinhas, 1 ponto alto, laçando o mesmo ponto de base, 9 pontos altos (manga esquerda), 1 ponto alto, 2 correntinhas, 1 ponto alto, laçando o mesmo ponto de base, 36 pontos altos (costas), 1 ponto alto, 2 correntinhas, 1 ponto alto, laçando o mesmo ponto de base, 9 pontos altos (manga direita), 1 ponto alto, 2 correntinhas, 1 ponto alto, laçando o mesmo ponto de base, 19 pontos altos (frente direita);

3ª carreira: 19 pontos altos, 2 pontos altos, 2 correntinhas, 2 pontos altos, laçando a correntinha da carreira anterior, 9 pontos altos, 2 pontos altos, 2 correntinhas, 2 pontos altos, laçando a correntinha da carreira anterior, 36 pontos altos, 2 pontos altos, 2 correntinhas, 2 pontos altos, laçando a correntinha da carreira anterior, 9 pontos altos, 2 pontos altos, 2 correntinhas, 2 pontos altos, laçando a correntinha da carreira anterior; 19 pontos altos;

4ª carreira: 21 pontos altos, 2 pontos altos, 2 correntinhas, 2 pontos altos, laçando a correntinha da carreira anterior, 11 pontos altos, 2 pontos altos, 2 correntinhas, 2 pontos altos, laçando a correntinha da carreira anterior, 40 pontos altos, 2 pontos altos, 2 correntinhas, 2 pontos altos, laçando a correntinha da carreira anterior, 11 pontos altos, 2 pontos altos, 2 correntinhas, 2 pontos altos, laçando a correntinha da carreira anterior, 21 pontos altos;

5ª carreira: 1 ponto alto, 1 correntinha, 1 ponto alto, pulando 1 ponto de base, 20 pontos altos, 2 pontos altos, 2 correntinhas, 2 pontos altos, laçando a correntinha da carreira anterior, 13 pontos altos, 2 pontos altos, 2 correntinhas, 2 pontos altos, laçando a correntinha da carreira anterior, 44 pontos altos, 2 pontos altos, 2 correntinhas, 2 pontos altos, laçando a correntinha da carreira anterior, 13 pontos altos, 2 pontos altos, 2 correntinhas, 2 pontos altos laçando a correntinha da carreira anterior, 23 pontos altos;

6ª carreira: 25 pontos altos, 2 pontos altos, 2 correntinhas, 2 pontos altos, laçando a correntinha da carreira anterior, 15 pontos altos, 2 pontos altos, 2 correntinhas, 2 pontos altos, laçando a correntinha da carreira anterior, 48 pontos altos, 2 pontos altos, 2 correntinhas, 2 pontos altos, laçando a correntinha da carreira anterior; 15 pontos altos, 2 pontos altos, 2 correntinhas, 2 pontos altos, laçando a correntinha da carreira anterior, 25 pontos altos;

7ª carreira: 27 pontos altos, 2 pontos altos, 2 correntinhas, 2 pontos altos, laçando a correntinha da carreira anterior; 17 pontos altos; 2 pontos altos, 2 correntinhas, 2 pontos altos, laçando a correntinha da carreira anterior; 52 pontos altos; 2 pontos altos, 2 correntinhas, 2 pontos altos, laçando a correntinha da carreira anterior; 17 pontos altos; 2 pontos altos, 2 correntinhas, 2 pontos altos, laçando a correntinha da carreira anterior; 27 pontos altos.

8ª carreira: 29 pontos altos, 2 pontos altos, 2 correntinhas, 2 pontos altos, laçando a correntinha da carreira anterior, 19 pontos altos, 2 pontos altos, 2 correntinhas, 2 pontos altos, laçando a correntinha da carreira anterior, 56 pontos altos, 2 pontos altos, 2 correntinhas, 2 pontos altos, laçando a correntinha da carreira anterior; 19 pontos altos, 2 pontos altos, 2 correntinhas, 2 pontos altos, laçando a correntinha da carreira anterior, 29 pontos altos; 9ª carreira: 1 ponto alto, 1 correntinha, 1 ponto alto, pulando 1 ponto de base, 28 pontos altos, 2 pontos altos, 2 correntinhas, 2 pontos altos, laçando a correntinha da carreira anterior, 21 pontos altos, 2 pontos altos, 2 correntinhas, 2 pontos altos, laçando a correntinha da carreira anterior, 60 pontos altos, 2 pontos altos, 2 correntinhas, 2 pontos altos, laçando a correntinha da carreira anterior, 21 pontos altos, 2 pontos altos, 2 correntinhas, 2 pontos altos, laçando a correntinha da carreira anterior, 31 pontos altos;

10ª carreira: 33 pontos altos, 2 pontos altos, 2 correntinhas, 2 pontos altos, laçando a correntinha da carreira anterior, 23 pontos altos, 2 pontos altos, 2 correntinhas, 2 pontos altos, laçando a correntinha da carreira anterior, 64 pontos altos, 2 pontos altos, 2 correntinhas, 2 pontos altos, laçando a correntinha da carreira anterior, 23 pontos altos, 2 pontos altos, 2 correntinhas, 2 pontos altos, laçando a correntinha da carreira anterior, 33 pontos altos;

11ª carreira: 35 pontos altos, 2 pontos altos, 2 correntinhas, 2 pontos altos, laçando a correntinha da carreira anterior, 25 pontos altos, 2 pontos altos, 2 correntinhas, 2 pontos altos, laçando a correntinha da carreira anterior, 68 pontos altos, 2 pontos altos, 2 correntinhas, 2 pontos altos, laçando a correntinha da carreira anterior, 25 pontos altos, 2 pontos altos, 2 correntinhas, 2 pontos altos, laçando a correntinha da carreira anterior, 35 pontos altos; 12ª carreira: 37 pontos altos, 2 pontos altos, 2 correntinhas, 2 pontos altos, laçando a correntinha da carreira anterior, 27 pontos altos, 2 pontos altos, 2 correntinhas, 2 pontos altos, laçando a correntinha da carreira anterior, 72 pontos altos, 2 pontos altos, 2 correntinhas, 2 pontos altos, laçando a correntinha da carreira anterior, 27 pontos altos, 2 pontos altos, 2 correntinhas, 2 pontos altos, laçando a correntinha da carreira anterior, 37 pontos altos.

13ª carreira: 39 pontos altos, 2 pontos altos, 2 correntinhas, 2 pontos altos, laçando a correntinha da carreira anterior, 29 pontos altos, 2 pontos altos, 2 correntinhas, 2 pontos altos, laçando a correntinha da carreira anterior, 76 pontos altos, 2 pontos altos, 2 correntinhas, 2 pontos altos, laçando a correntinha da carreira anterior, 29 pontos altos, 2 pontos altos, 2 correntinhas, 2 pontos altos, laçando a correntinha da carreira anterior, 39 pontos altos.

Mangas - prenda a linha com 1 ponto baixíssimo na parte reservada para a manga esquerda e trabalhe uma carreira circular de pontos altos. Continue trabalhando em carreiras circulares, acompanhando o diagrama 1. A 13 cm de comprimento, trabalhe o bico para acabamento, acompanhando o diagrama 2 e arremate. Trabalhe a manga direita da mesma maneira.

Corpo do casaquinho - prenda a linha com 1 ponto baixíssimo na frente esquerda. Trabalhe sobre os pontos da frente esquerda, costas e frente direita, acompanhando o diagrama 1. A 14 cm de comprimento. Arremate.

Acabamento e montagem: faça o bico para acabamento ao redor da barra, frente esquerda e direita e decote, acompanhando o diagrama 2. Pregue os botões sobre a frente direita. Corte 80 cm da fita e passe-a ao redor do decote. Corte mais 2 tiras da fita com 35 cm cada e passe-as ao redor dos punhos, deixando as pontas na superior para o laço.

Amostra: um quadrado de 5 x 5 cm (agulha para crochê nº 2) = 14 pontos x 7 carreiras medidos sobre o ponto alto.

Esquemas de montagem

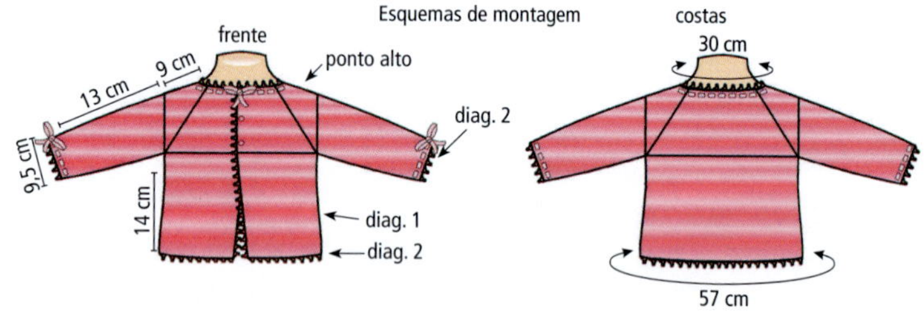

Ao sair da maternidade, mostre sua pequenina aos seus amigos e familiares vestida com este casaquinho rosa com lacinhos.

Diagrama 1

Diagramas 1 e 2	
Tamanho 0 a 3 meses	
⬭	corr.
+	p.b.
•	p.bx.
ǂ	p.a.
(picô)	picô
➤	início do trabalho
➢	fim do trabalho

Diagrama 2

Casaquinho rosa com casinha de abelha

Tamanho: 0 a 3 meses.

Materiais utilizados: 1 novelo (40 g) da lã Kiko Baby, na cor rosa (622) da Círculo; 1 rolo (200 m) da linha Susi na cor rosa (3131) da Círculo; 1 par de agulhas para tricô n° 3,5; agulha com ponta arredondada para bordar; 3 botões rosa.

Pontos empregados: ponto (p.), tricô (t.), meia (m.), casa para o botão (2 pontos juntos em tricô, 1 laçada).

Como fazer: casaco - comece pela barra. Com a lã, monte 153 pontos na agulha para tricô e trabalhe 6 carreiras no ponto tricô, acompanhando o diagrama 1. Mude para o ponto fantasia, acompanhando o diagrama 2, trabalhando os 6 primeiros e os 6 últimos pontos sempre em tricô para formar o transpasse. A 13,5 cm de comprimento, mude para o ponto de barra 2/1, acompanhando o diagrama 4. Forme a 1ª casa para o botão centralizada no transpasse do lado esquerdo a 14 cm de comprimento e as próximas 2 casas com 5 cm de distância. A 15 cm de comprimento, forme as cavas dividindo o trabalho, e concluindo cada parte separadamente como segue: 36 pontos para o lado esquerdo das costas. Arremate 3 pontos para a cava esquerda, 75 pontos para frente, arremate 3 pontos para a cava direita, 36 pontos para o lado direito das costas. Lado esquerdo das costas: arremate do lado da cava a cada 2 carreiras, 1 ponto 3 vezes. A 25 cm de comprimento, arremate todos os pontos.

Frente – arremate nos 2 lados a cada 2 carreiras 1 ponto 3 vezes. A 19 cm de comprimento, forme o decote, arrematando os 25 pontos centrais e conclua cada parte separadamente. A 25 cm de comprimento, arremate todos os pontos. Lado direito das costas: arremate do lado da cava a cada 2 carreiras 1 ponto 3 vezes. A 25 cm de comprimento, arremate todos os pontos.

Mangas – comece pelo punho. Com a lã, monte, 40 pontos na agulha para tricô e trabalhe no ponto de barra 1/1, acompanhando o diagrama 3. A 3 cm de comprimento, distribua 11 aumentos regularmente na carreira e mude para o ponto fantasia, acompanhando o diagrama 2. A 17 cm de comprimento, forme a cabeça da manga arrematando nos 2 lados a cada 2 carreiras, 2 pontos 1 vez, 1 ponto 6 vezes. A 20 cm de comprimento, arremate todos os pontos. Faça a outra manga igual.

Acabamento e montagem: costure os ombros. Feche as mangas e pregue-as ao redor das cavas. Com a lã, levante 74 pontos ao redor do decote. Trabalhe 2 carreiras no ponto de barra 1/1, acompanhando o diagrama 3, e arremate todos os pontos. Pregue os botões sobre o transpasse do lado direito das costas. Com a linha Susi e a agulha para bordar, faça a casinha de abelha sobre a pala do casaco acompanhando o diagrama 5.

Amostra: um quadrado de 5 x 5 cm (agulha para tricô n° 3,5) = 13 pontos x 18 carreiras medidos sobre o ponto fantasia (diagrama 2).

Diagrama 5 (casinha de abelha)

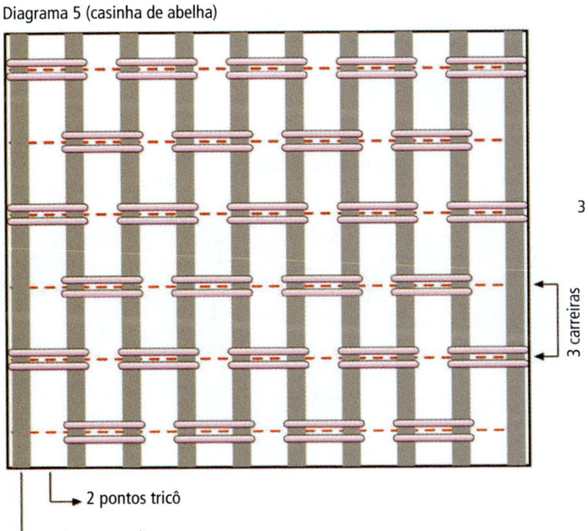

Esquemas de montagem e distribuição dos motivos

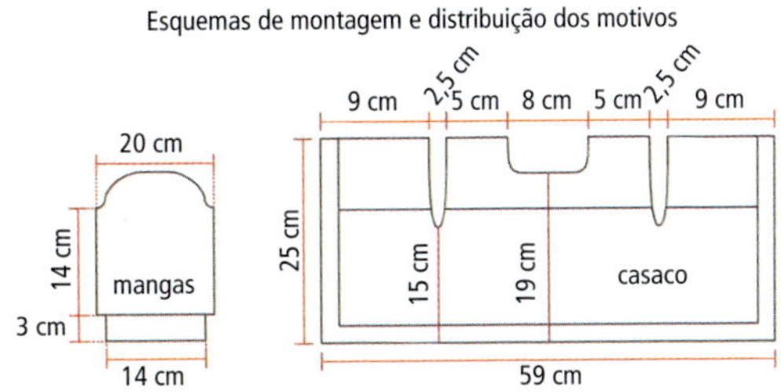

O bordado casinha de abelha dá um tom delicado e romântico ao casaquinho.

Esquemas de montagem

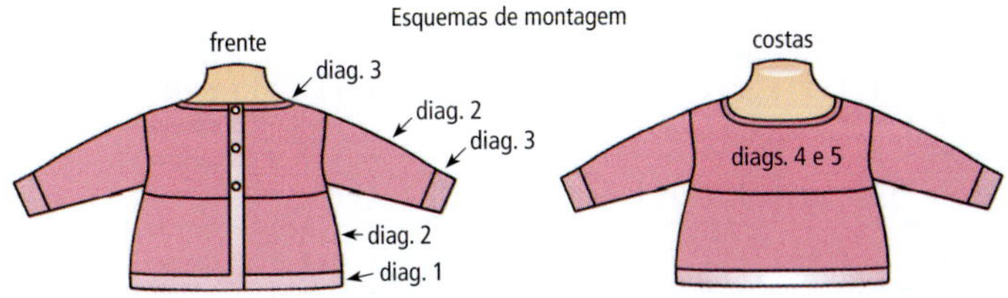

Diagrama 2

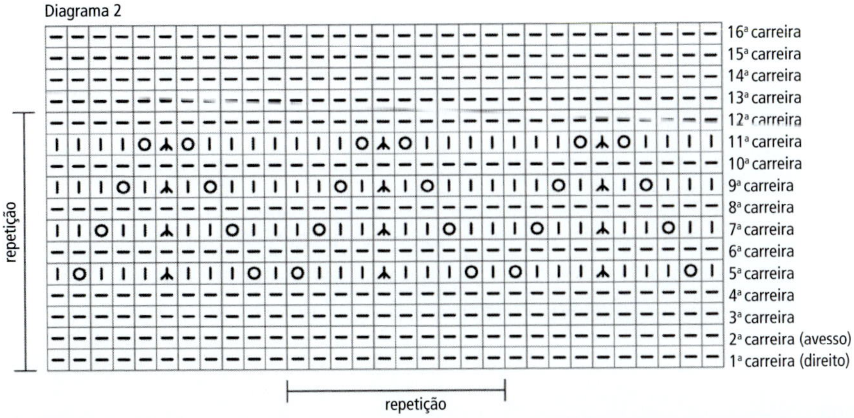

Diagrama 1

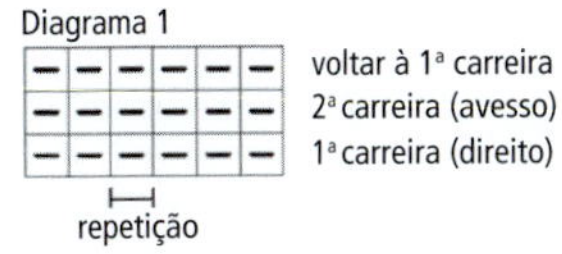

Diagrama 3

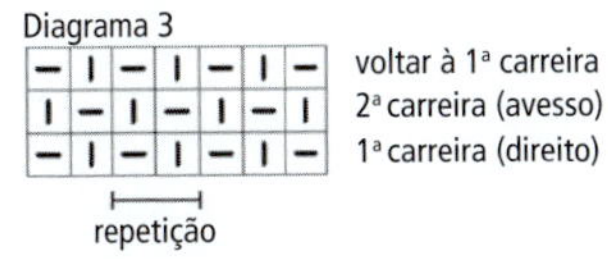

Diagrama 4

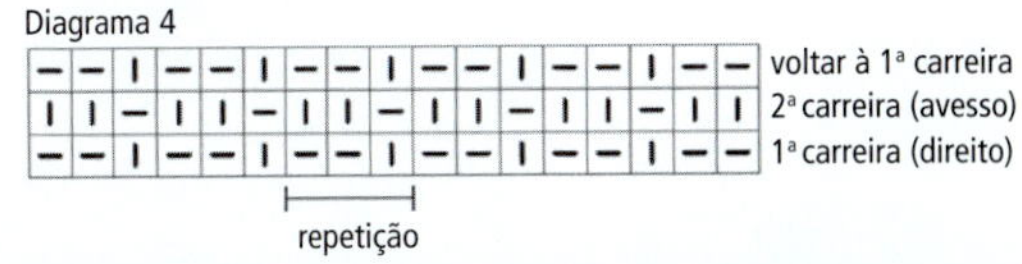

Diagramas 1 a 4	
Tamanho 0 a 3 meses	
—	tricô
I	meia
O	laçada
⅄	mate duplo (tirar 1 ponto s/ fazer, 2 pontos juntos em meia, arrematar o ponto s/ fazer sobre o tricotado)

Casaquinho verde

Tamanho: 3 a 6 meses

Materiais: 1 novelo da linha Cisne Super Bebê na cor verde (7015); 1 par de agulhas para tricô n° 3; 4 botões verdes.

Pontos empregados: ponto (p.), tricô (t.), meia (m.) e casa para o botão (2 pontos juntos em meia, 1 laçada).

Como fazer: frente direita - comece pela barra. Monte 38 pontos na agulha para tricô e trabalhe 5 pontos no ponto tricô para formar o transpasse, acompanhando o diagrama 3 e 33 pontos no ponto de barra 1/1, acompanhando o diagrama 1. Faça a 1ª casa para o botão na centralizada no transpasse a 2 cm de comprimento e as outras 4 casas com 5 cm de distância. A 3,5 cm de comprimento, mude os pontos de barra 1/1 para o ponto fantasia, acompanhando o diagrama 2. A 19,5 cm de comprimento, forme o decote arrematando do lado direito após o transpasse 1 ponto 12 vezes. A 30 cm de comprimento, arremate os pontos fantasia, e trabalhe somente sobre os 5 pontos do transpasse por mais 8 cm e arremate.

Frente esquerda - comece pela barra. Monte 38 pontos na agulha para tricô e trabalhe 33 pontos no ponto de barra 1/1, acompanhando o diagrama 1, e 5 pontos no ponto tricô para formar o transpasse, acompanhando o diagrama 3. A 3,5 cm de comprimento, mude os pontos de barra 1/1 para o ponto fantasia, acompanhando o diagrama 2. A 19,5 cm de comprimento, forme o decote arrematando do lado esquerdo antes do transpasse 1 ponto 12 vezes. A 30 cm de comprimento, arremate os pontos fantasia.Trabalhe somente sobre os 5 pontos do transpasse por mais 8 cm e arremate.

Costas - comece pela barra. Monte 74 pontos na agulha para tricô e trabalhe no ponto de barra 1/1, acompanhando o diagrama 1. A 3,5 cm de comprimento, mude para o ponto fantasia, acompanhando o diagrama 2. A 30 cm de comprimento, arremate todos os pontos.

Mangas - comece pelo punho. Monte 48 pontos na agulha para tricô e trabalhe no ponto de barra 1/1, acompanhando o diagrama 1. A 4 cm de comprimento, mude para o ponto fantasia, acompanhando o diagrama 2, aumentando nos 2 lados a cada 6 carreiras 1 ponto 4 vezes. A 22 cm de comprimento, arremate todos os pontos. Faça a outra manga igual.

Acabamento e montagem: costure os ombros 17 cm inferiores das laterais, deixando 13 cm abertos para as cavas. Feche as mangas e pregue-as ao redor das cavas. Una as pontas da gola e costure-a ao redor do decote das costas. Pregue os botões sobre o transpasse da frente esquerda.

Amostra: um quadrado de 5 x 5 cm (agulha para tricô nº 3) = 11 pontos x 17 carreiras medidos sobre o ponto fantasia (diagrama 2).

18

Diagrama 1

—	I	—	I	—	I	—	voltar à 1ª carreira
I	—	I	—	I	—	I	2ª carreira (avesso)
—	I	—	I	—	I	—	1ª carreira (direito)

repetição

Diagrama 3

—	—	—	—	—	—	voltar à 1ª carreira
—	—	—	—	—	—	2ª carreira (avesso)
—	—	—	—	—	—	1ª carreira (direito)

repetição

Diagrama 2

I	—	—	—	—	—	—	—	I	—	—	—	—	—	—	—	I	—	—	—	—	—	—	—	I	voltar à 1ª carreira
I	—	—	—	—	—	—	—	I	—	—	—	—	—	—	—	I	—	—	—	—	—	—	—	I	16ª carreira
—	I	I	I	I	I	I	I	—	I	I	I	I	I	I	I	—	I	I	I	I	I	I	I	—	15ª carreira
I	I	—	—	—	—	—	I	I	I	—	—	—	—	—	I	I	I	—	—	—	—	—	I	I	14ª carreira
—	—	I	I	I	I	I	—	—	—	I	I	I	I	I	—	—	—	I	I	I	I	I	—	—	13ª carreira
I	I	I	—	—	—	I	I	I	I	I	—	—	—	I	I	I	I	I	—	—	—	I	I	I	12ª carreira
—	—	—	I	I	I	—	—	—	—	—	I	I	I	—	—	—	—	—	I	I	I	—	—	—	11ª carreira
I	I	I	I	—	I	I	I	I	I	I	I	—	I	I	I	I	I	I	I	—	I	I	I	I	10ª carreira
—	—	—	—	I	—	—	—	—	—	—	—	I	—	—	—	—	—	—	—	I	—	—	—	—	9ª carreira
—	—	—	—	I	—	—	—	—	—	—	—	I	—	—	—	—	—	—	—	I	—	—	—	—	8ª carreira
I	I	I	I	—	I	I	I	I	I	I	I	—	I	I	I	I	I	I	I	—	I	I	I	I	7ª carreira
—	—	—	I	I	I	—	—	—	—	—	I	I	I	—	—	—	—	—	I	I	I	—	—	—	6ª carreira
I	I	I	—	—	—	I	I	I	I	I	—	—	—	I	I	I	I	I	—	—	—	I	I	I	5ª carreira
—	—	I	I	I	I	I	—	—	—	I	I	I	I	I	—	—	—	I	I	I	I	I	—	—	4ª carreira
I	I	—	—	—	—	—	I	I	I	—	—	—	—	—	I	I	I	—	—	—	—	—	I	I	3ª carreira
—	I	I	I	I	I	I	I	—	I	I	I	I	I	I	I	—	I	I	I	I	I	I	I	—	2ª carreira (avesso)
I	—	—	—	—	—	—	—	I	—	—	—	—	—	—	—	I	—	—	—	—	—	—	—	I	1ª carreira (direito)

repetição

Diagramas 1 a 3	
Tamanho 3 a 6 meses	
—	tricô
I	meia

Para o meninão brilhar em sua primeira festinha de aniversário.

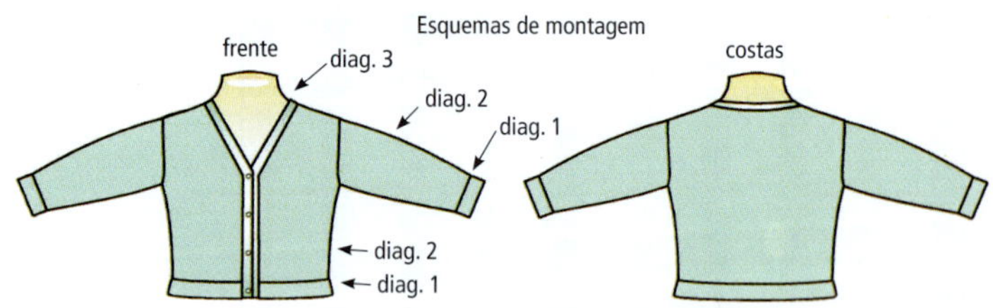

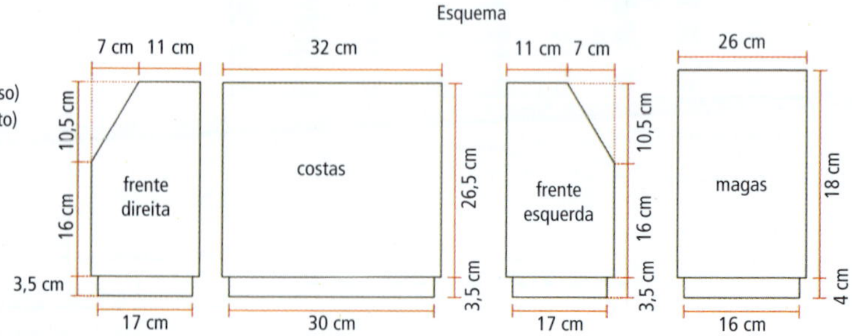

Conjunto azul de casaquinho e touquinha

Tamanho: 0 a 3 meses.

Materiais: 2 novelos (40 g) da lã Keamor na cor angra (564) da Pingouin; 1 par de agulhas para tricô n° 3; 5 botões azul; 100 cm de fita de cetim azul com 1 cm de largura.

Pontos empregados: ponto (p.), tricô (t.), meia (m.), mate simples (tire 1 ponto sem trabalhar em meia, 1 meia, arremate o ponto sem trabalhar sobre o tricotado), mate duplo (tire 1 ponto sem trabalhar em meia, 2 pontos juntos em meia, arremate o ponto sem trabalhar sobre o tricotado) e casa para o botão (2 pontos juntos em tricô, 1 laçada).

Como fazer: casaquinho - comece pela pala. Monte 63 pontos na agulha para tricô, e trabalhe acompanhando o diagrama 1 até a 6ª carreira. Trabalhe os 6 primeiros e os 6 últimos pontos sempre em tricô, acompanhando o diagrama 2 para formar o transpasse. Forme a 1ª casa para o botão no transpasse do lado esquerdo a 1 cm de comprimento e as 3 casas restantes com 4 cm de intervalo entre uma e outra. Trabalhe os 52 pontos entre os transpasses, nas carreiras seguintes, para formar a pala como segue: 1ª carreira: 5 tricô, *1 laçada, 1 meia, 1 laçada, 7 tricô*, repita de * a * 5 vezes, terminando a carreira com 1 laçada, 1 meia, 1 laçada e 5 tricô, total 63 pontos; 2ª carreira: 5 meia, *3 tricô, 7 meia*, repita de * a * 5 vezes, terminando a carreira com 3 tricô e 5 meia; 3ª carreira: 5 tricô, *1 meia, 1 laçada, 1 meia, 1 laçada, 1 meia, 7 tricô*, repita de * a * 5 vezes, terminando a carreira com 1 meia, 1 laçada, 1 meia, 1 laçada, 1 meia e 5 tricô, total 75 pontos; 4ª carreira: 5 meia, *5 tricô, 7 meia*, repita de * a * 5 vezes, terminando a carreira com 5 tricô e 5 meia; 5ª carreira: 5 tricô, *2 meia, 1 laçada, 1 meia, 1 laçada, 2 meia, 7 tricô*, repita de * a * 5 vezes, terminando a carreira com 2 meia, 1 laçada, 1 meia, 1 laçada, 2 meia, 5 tricô, (total 87 pontos; 6ª carreira: 5 meia, *7 tricô, 7 meia*, repita de * a * 5 vezes, terminando a carreira com 7 tricô e 5 meia; 7ª carreira: 1 tricô, *1 laçada, 1 meia, 1 laçada, 3 tricô, 3 meia, 1 laçada, 1 meia, 1 laçada, 3 meia, 3 tricô*, repita de * a * 6 vezes, terminando a carreira com 1 laçada, 1 meia, 1 laçada e 1 tricô (total 113 pontos); 8ª carreira: 1 meia, *3 tricô, 3 meia, 9 tricô, 3 meia*, repita de * a * 6 vezes, terminando a carreira com 3 tricô e 1 meia; 9ª carreira: 1 tricô, *1 meia, 1 laçada, 1 meia, 1 laçada, 1 meia, 3 tricô, 1 laçada, 1 mate simples, 5 meia, 2 pontos juntos em meia, 1 laçada, 3 tricô*, repita de * a * 6 vezes, terminando a carreira com 1 meia, 1 laçada, 1 meia, 1 laçada, 1 meia e 1 tricô, total 127 pontos; 10ª carreira: 1 meia, *5 tricô, 4 meia, 7 tricô, 4 meia*, repita de * a * 6 vezes, terminando a carreira com 5 tricô e 1 meia; 11ª carreira: 1 tricô, *2 meia, 1 laçada, 1 meia, 1 laçada, 2 meia, 4 tricô, 1 laçada, 1 mate simples, 3 meia, 2 pontos juntos em meia, 1 laçada, 4 tricô*, repita de * a * 6 vezes, terminando a carreira com 2 meia, 1 laçada, 1 meia, 1 laçada, 2 meia e 1 tricô, total 141 pontos; 12ª carreira: 1 meia, *7 tricô, 5 meia, 5 tricô, 5 meia*, repita de * a * 6 vezes, terminando a carreira com 7 tricô e 1 meia; 13ª carreira: 1 tricô, *3 meia, 1 laçada, 1 meia, 1 laçada, 3 meia, 5 tricô, 1 laçada, 1 mate simples, 1 meia, 2 pontos juntos em meia, 1 laçada, 5 tricô*, repita de * a * 6 vezes, terminando a carreira com 3 meia, 1 laçada, 1 meia, 1 laçada, 3 meia e 1 tricô, total 155 pontos; 14ª carreira: 1 meia, *9 tricô, 6 meia, 3 tricô, 6 meia*, repita de * a * 6 vezes, terminando a carreira com 9 tricô e 1 meia; 15ª carreira: 1 tricô, *4 meia, 1 laçada, 1 meia, 1 laçada, 4 meia, 3 tricô, 1 laçada, 1 meia, 1 laçada, 2 tricô, 1 laçada, 1 mate duplo, 1 laçada, 3 tricô, 1 laçada, 1 meia, 1 laçada, 2 tricô*, repita de * a * 6 vezes, terminando a carreira com 4 meia, 1 laçada, 1 meia, 1 laçada, 4 meia e 1 tricô, total 193 pontos; 16ª carreira: 1 meio, *11 tricô, 3 meio, 3 tricô, 2 meia, 3 tricô, 3 meia, 3 tricô, 2 meia*, repete de *a* 6 vezes, terminando a carreira com 11 tricô e meia; 17ª carreira: 1 tricô, *4 meia, 1 laçada, 1 meia, 1 laçada, 4 meia, 3 tricô, 1 laçada, 1 meia, 1 laçada, 2 tricô, 1 laçada, 1 mate duplo, 1 laçada, 3 tricô, 1 laçada, 1 meia, 1 laçada, 2 tricô*, repita de * a * 6 vezes, terminando a carreira com 4 meia, 1 laçada, 1 meia, 1 laçada, 4 meia e 1 tricô, total 193 pontos; 18ª carreira: 1 meia, *11 tricô, 3 meia, 3 tricô, 2 meia, 3 tricô, 8 meia*, repita de * a * 6 vezes, terminando a carreira com 11 tricô e 1 meia; 19ª carreira: 1 tricô, *1 laçada, 1 mate simples, 7 meia, 2 pontos juntos em meia, 1 laçada, 3 tricô, 1 meia, 1 laçada, 1 meia, 1 laçada, 1 meia, 8 tricô, 1 meia, 1 laçada, 1 meia, 1 laçada, 1 meia, 2 tricô*, repita de * a * 6 vezes, terminando a carreira com 1 laçada, 1 mate simples, 7 meia, 2 pontos juntos em meia, 1 laçada e 1 tricô, total 217 pontos; 20ª carreira: 1 meia, *11 tricô, 3 meia, 5 tricô, 8 meia, 5 tricô, 2 meia*, repita de * a * 6 vezes, terminando a carreira com 11 tricô, 1 meia; 21ª carreira: 2 tricô, *1 laçada, 1 mate simples, 5 meia, 2 pontos juntos em meia, 1 laçada, 4 tricô, 2 meia, 1 laçada, 1 meia, 1 laçada, 2 meia, 8 tricô, 2 meia, 1 laçada, 1 meia, 1 laçada, 2 meia, 3 tricô*, repita de * a * 6 vezes, terminando a carreira com 1 laçada, 1 mate simples, 5 meia, 2 pontos juntos em meia, 1 laçada e 2 tricô, total 241 pontos; 22ª carreira: 2 meia, *9 tricô, 4 meia, 7 tricô, 8 meia, 7 tricô, 3 meia*, repita de * a * 6 vezes, terminando a carreira com 9 tricô e 2 meia; 23ª carreira: 3 tricô, *1 laçada, 1 mate simples, 3 meia, 2 pontos juntos em meia, 1 laçada, 5 tricô, 3 meia, 1 laçada, 1 meia, 1 laçada, 3 meia, 8 tricô, 3 meia, 1 laçada, 1 meia, 1 laçada, 3 meia, 4 tricô*, repita de * a * 6 vezes, terminando a carreira com 1 laçada, 1 mate simples, 3 meia, 2 pontos juntos em meia, 1 laçada e 3 tricô, total 265 pontos; 24ª carreira: 3 meia, *7 tricô, 5 meia, 9 tricô, 8 meia, 9 tricô, 4 meia*, repita de * a * 6 vezes, terminando a carreira com 7 tricô e 3 meia; 25ª carreira: 4 tricô, *1 laçada, 1 mate simples, 1 meia, 2 pontos juntos em meia, 1 laçada, 6 tricô, 1 laçada, 1 mate simples, 7 meia, 2 pontos juntos em meia, 1 laçada, 8 tricô, 1 laçada, 1 mate simples, 7 meia, 2 pontos juntos em meia, 1 laçada, 5 tricô*, repita de * a * 6 vezes, terminando a carreira com 1 laçada, 1 mate simples, 1 meia, 2 pontos juntos em meia, 1 laçada e 4 tricô, total 289 pontos; 26ª carreira: 4 meia, *5 tricô, 6 meia, 11 tricô, 8 meia, 11 tricô, 5 meia*, repita de * a * 6 vezes, terminando a carreira com 5 tricô e 4 meia; 27ª carreira: 5 tricô, *1 laçada, 1 mate duplo, 1 laçada, 8 tricô, 1 laçada, 1 mate simples, 5 meia, 2 pontos juntos em meia, 1 laçada, 10 tricô, 1 laçada, 1 mate simples, 5 meia, 2 pontos juntos em meia, 1 laçada, 7 tricô*, repita de * a * 6 vezes, terminando a carreira com 1 laçada, 1 mate duplo, 1 laçada e 5 tricô, total 289 pontos; 28ª carreira: 5 meia, *3 tricô, 8 meia, 9 tricô, 10 meia, 9 tricô, 7 meia*, repita de * a * 6 vezes, terminando a carreira com 3 tricô e 5 meia; 29ª carreira: 6 tricô, *11 tricô, 1 laçada, 1 mate simples, 3 meia, 2 pontos juntos em meia, 1 laçada, 12 tricô, 1 laçada, 1 mate simples, 3 meia, 2 pontos juntos em meia, 1 laçada, 9 tricô*, repita de * a * 6 vezes, terminando a carreira com 7 tricô, total 289 pontos; 30ª carreira: 6 meia, *11 meia, 7 tricô, 12 meia, 7 tricô, 9 meia*, repita de * a * 6 vezes, terminando a carreira com 7 meia; 31ª carreira: 6 tricô, *12 tricô, 1 laçada, 1 mate simples, 1 meia, 2 pontos juntos em meia, 1 laçada, 14 tricô, 1 laçada, 1 mate simples, 1 meia, 2 pontos juntos em meia, 1 laçada, 10 tricô*, repita de * a * 6 vezes, terminando a carreira com 7 tricô, total 289 pontos; 32ª carreira: 6 meia, *12 meia, 5 tricô, 14 meia, 5 tricô, 10 meia*, repita de * a * 6 vezes, terminando a carreira com 7 meia; 33ª carreira: 6 tricô, *13 tricô, 1 laçada, 1 mate duplo, 1 laçada, 16 tricô, 1 laçada, 1 mate duplo, 1 laçada, 11 tricô*, repita de * a * 6 vezes, terminando a carreira com 7 tricô, total 289 pontos; 34ª carreira: 6 meia, *13 meia, 3 tricô, 16 meia, 3 tricô, 11 meia*, repita de * a * 6 vezes, terminando a carreira com 7 meia; 35ª, 37ª, 39ª e 41ª carreiras: em tricô; 36ª, 38ª, 40ª e 42ª carreiras: em meia; Divida os pontos da seguinte maneira: 53 pontos para a frente esquerda, 49 pontos para a manga esquerda, 97 pontos para as costas, 49 pontos para a manga direita e 53 pontos para a frente direita. Trabalhe cada parte separadamente, deixando os pontos restantes à espera. Continue o trabalho formando primeiro as mangas da seguinte maneira: monte 6 pontos na agulha para tricô, retome os 49 pontos da manga esquerda e monte mais 6 pontos na agulha (total 61 pontos), trabalhe sobre todos os pontos no ponto fantasia, acompanhando o diagrama 2. A 13 cm de comprimento, distribua 18 diminuições regularmente na carreira e mude para o ponto de barra 1/1, acompanhando o diagrama 3, a 15,5 cm de comprimento arremate todos os pontos. Trabalhe da mesma maneira para formar a manga direita. Costure as mangas deixando as cavas abertas. Retome os 53 pontos da frente esquerda, levante 8 pontos na cava da manga esquerda. Retome os 97 pontos das costas, levante 8 pontos na cava da manga direita, retome os 53 pontos da frente direita. Trabalhe os pontos dos transpasses em tricô e os 207 pontos centrais no ponto fantasia, acompanhando o diagrama 2. A 12 cm de comprimento da parte inferior do casaquinho, mude para o ponto tricô. Trabalhe 6 carreiras no ponto tricô acompanhando o diagrama 4. Arremate todos os pontos.

Touquinha - monte 71 pontos na agulha para tricô. Trabalhe no ponto de barra 1/1, acompanhando o diagrama 3. A 2,5 cm de comprimento, distribua 30 aumentos regularmente na carreira e mude para o ponto fantasia, acompanhando o diagrama 2. A 13 cm de comprimento, mude para o ponto tricô, trabalhe 6 carreiras, acompanhando o diagrama 4. Arremate nos 2 lados 3 pontos 1 vez e divida o trabalho, arrematando os 35 pontos centrais, conclua cada parte separadamente da seguinte maneira: 4 pontos tricô no início e no final da carreira para as bordas, 2 pontos juntos em meia antes e depois dos pontos da borda, e os pontos centrais em meia. Trabalhe desta maneira, diminuindo os pontos a cada 2 carreiras até restarem 8 pontos, trabalhe 1 mate duplo nos pontos centrais a cada 2 carreiras 2 vezes e 1 mate simples 1 vez. Trabalhe sobre os 3 pontos restantes em tricô por mais 8,5 cm e arremate. Forme 1 casa para o botão a 8 cm de comprimento. Trabalhe a outra parte da mesma maneira sem formar a tira de 8,5 cm.

Acabamento e montagem: pregue os botões sobre o transpasse da frente direita do casaco. Passe 70 cm da fita pelo passa-fita ao redor do decote. Costure a parte de trás da touquinha. Passe os 30 cm restantes da fita ao redor da parte superior na 1ª carreira do ponto fantasia. Pregue o botão.

Amostra: um quadrado de 5 x 5 cm (agulha para tricô nº 3) = 13 pontos x 24 carreiras medidos sobre o ponto fantasia (diagrama 2).

Diagrama 1

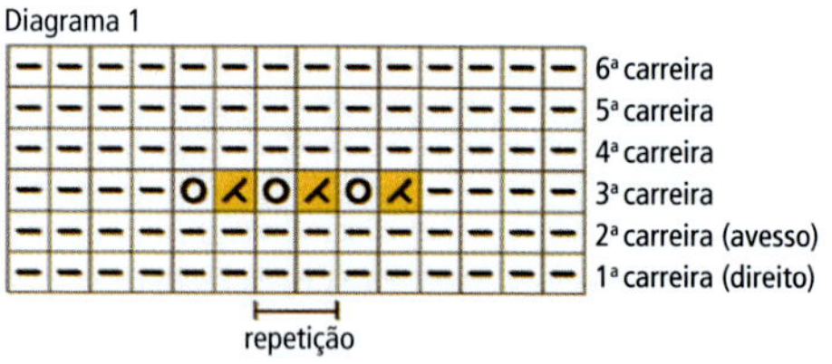

Diagramas 1 a 4

Tamanho 0 a 3 meses	
—	tricô
I	meia
⋌	2 p. juntos em tricô
O	laçada
⅄	mate duplo (tirar 1 ponto s/ fazer, 2 pontos juntos em meia, arrematar o ponto s/ fazer sobre o tricotado)

Diagrama 2

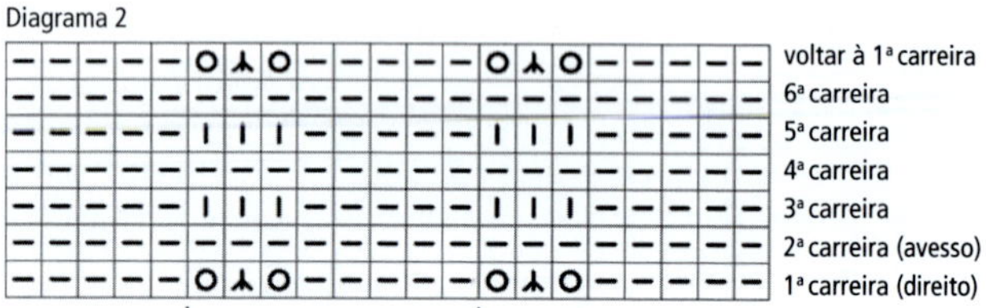

Diagrama 3

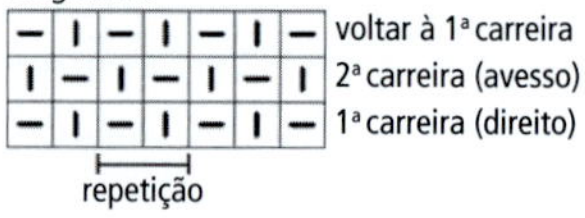

Diagrama 4

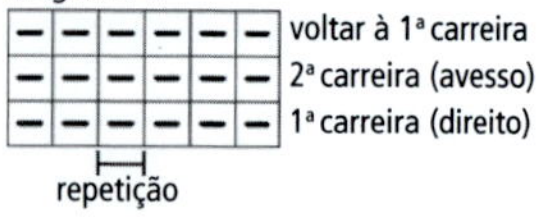

Para proteger o pequeno dos ventos gelados do inverno, utilize a touquinha, que é um acessório indispensável para o bebê.

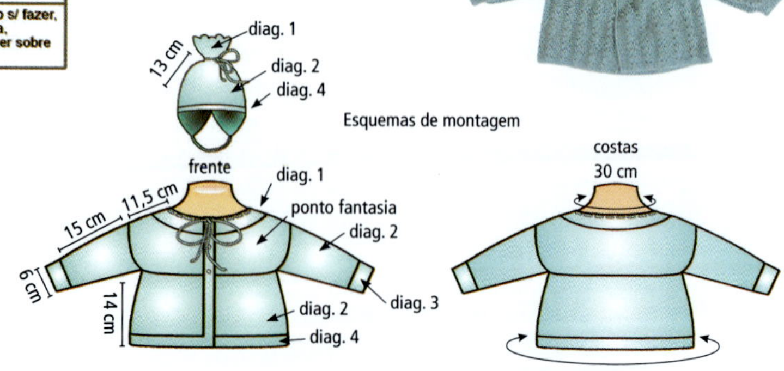

Esquemas de montagem

DICA: o que fazer quando seu bebê não pára de chorar? Segure-o com carinho para passar amor e confiança. Cheque se ele está limpo ou com fome. Se for cólica, coloque o neném de bruços e massageie as costas no sentido da nuca até o bumbum. Se o choro for muito intenso, procure um pediatra.

CHEGOU O LIVRO ILUSTRADO DA PEPPA
Não fique de fora desta coleção EXCLUSIVA
São 236 cromos
+
16 especiais
Livro ilustrado
Peppa
236 CROMOS EXCLUSIVOS + 16 ESPECIAIS
para você colecionar. Muitas aventuras com a Peppa e toda a turma!
LIVRO ILUSTRADO
Peppa
CONTÉM 4 CROMOS
On line EDITORA
Em todas as bancas e revistarias do Brasil
www.revistaonline.com.br
www.completeseualbum.com.br
Peppa Pig © Astley Baker Davies Ltd/Entertainment One UK Ltd 2003.

Foto: Fernanda Venâncio • Produção: Ana Cláudia Romaro • Criação e execução: Döhler

Materiais

Uma toalha de banho para bordar Liberty de cor branca, da Döhler.

Pontos utilizados:

Ponto cruz e ponto-atrás.

Linhas e fios utilizados:

Linha Maxi Mouline nas cores indicadas nas chaves de sinais. Use 2 fios da linha na agulha para bordar o ponto cruz e 1 fio para o ponto-atrás.

Agulha utilizada:

Arredondada, própria para bordar.

Como fazer:

Centralize o motivo na área de étamine. Borde, seguindo o gráfico e a chave de sinais, para distribuir os pontos e as cores. Trabalhe em 1 x 1 bloco de fios do tecido. Repita o motivo 1 vez, deixando 1 bloco de fios de espaço entre cada um.

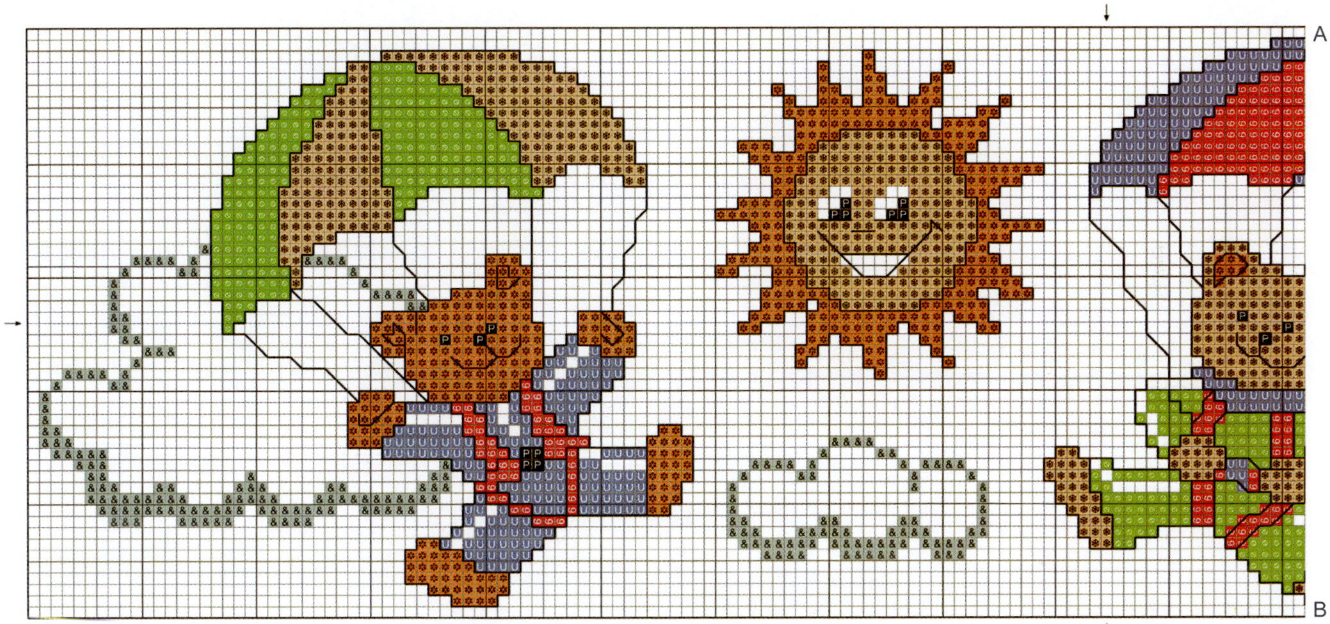

repita o intervalo indicado para a direita mais 1 vez

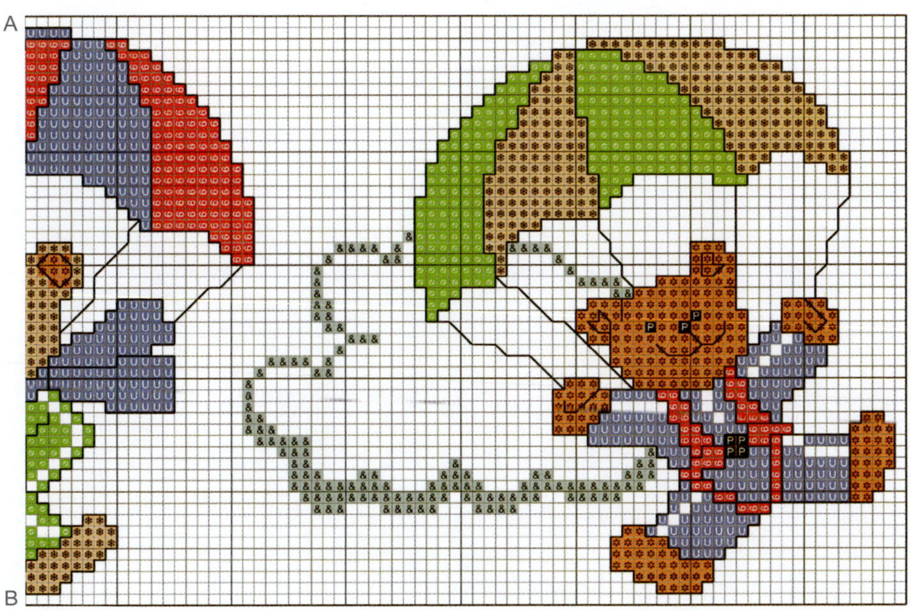

repita o intervalo indicado para a direita mais 1 vez

Unir A/A e B/B para obter o motivo completo

Esquemas de montagem

1

Medida em pontos: 187 Larg. X 50 Alt.		
MAXI MOULINE		
Cor	Ponto Cruz	Ponto-Atrás
115	✱	
323	6	
527	U	
639	&	
726	o	
838	✱	
900	P	/

Belas lembranças

Quando o bebê nascer, o que fazer de diferente e útil para presentear os amigos e familiares na hora da visita? A seguir, duas sugestões simplesmente encantadoras!

Foto: Fernanda Venâncio • Produção: Ana Cláudia Romaro • Criação e execução: Döhler

SACHÊS PERFUMADOS – PASSO A PASSO

Materiais

3 m (volta da cesta), 2,10 m (alça da cesta), 60 cm (2 laços) e 24 cm (para cada sachê) de galão nº 15 com 6 cm de largura da linha de artesanto Carola Binello® na cor 1 (branco); 10 x 10 cm (4 partes) de Panabé® na cor 1 (branco); 2,5 m de passamanaria da linha de artesanato Carola Binello® nas cores 1 (branco), 3 (rosa) e 4 (azul claro); cordão mágico, da linha para artesanato Carola Binello® nas cores 1 (branco), 3 (rosa), 4 (azul claro), 35 (salmão), 24 (roxo) e 34 (verde); 12 cm (para cada sache) de renda na cor 1 (branca), da linha de artesanato Carola Binello®; 1 cesta de vime; Adesivo Universal, da linha de artesanato Carola Binello®; linhas Anchor Mouliné e Corrente Drima; agulhas Tapestry Corrente nº 22 (para trabalhar no Panabé®) e nº 24 (para trabalhar no galão).

Grau de dificuldade:

Fácil.

Pontos empregados:

Ponto cruz e ponto atrás.

Como fazer:

Centralize os motivos no quadrado de Panabé® e no galão. Trabalhe em 1 x 1 bloco de fios do Panabé® e do galão. Use 4 fios de linha na agulha para bordar o ponto cruz (no Panabé), 2 fios para bordar o ponto cruz (no galão) e 1 fio para bordar o ponto atrás no galão e 3 fios para bordar o ponto atrás (no Panabé®). Borde seguindo os gráficos nos 1 a 15 e as chaves de sinais para distribuir os ponos e as cores.

Montagem e acabamento:

Sachê – dobre o galão ao meio. Dobre 0,5 cm de cada uma das extremidades e cole com o auxílio do Adesivo Universal, para formar a bainha. Aplique a renda sobre a bainha feita em cada uma das extremidades. Passe cola nas duas laterais e feche o sachê. Preencha o sachê com algodão. Para amarrar utilize um fio de cordão mágico na cor desejada com 30 cm de comprimento.

Cesta – recorte os motivos deixando 1 bloco de fio do Panabé® em toda a volta do motivo. Com a linha Corrente Drima faça o franzido do galão para aplicar na alça e em toda a volta da cesta. Com a tiras de passamanaria faça uma trança. Cole-a centralizada no galão aplicado na alça e em toda a volta da cesta. Faça dois laços o galão e cole-os na base da alça como mostra o esquema. Cole os motivos bordados no Panabé® nas laterais da alça. Faça o texto para na lembrancinha no computador.

1

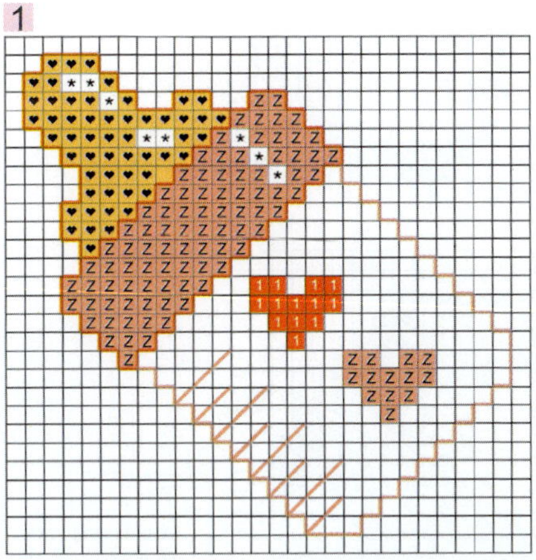

2

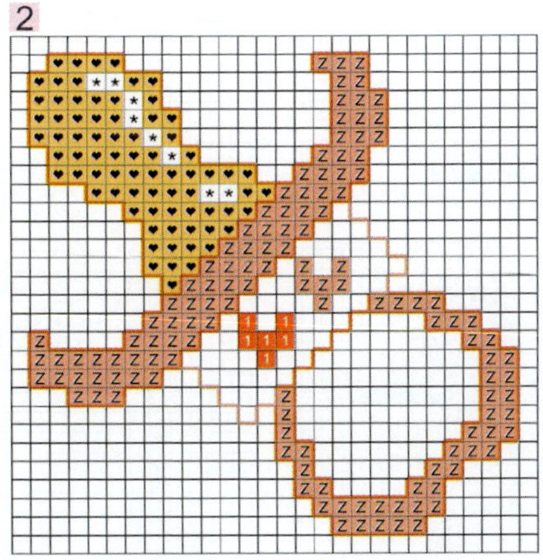

3

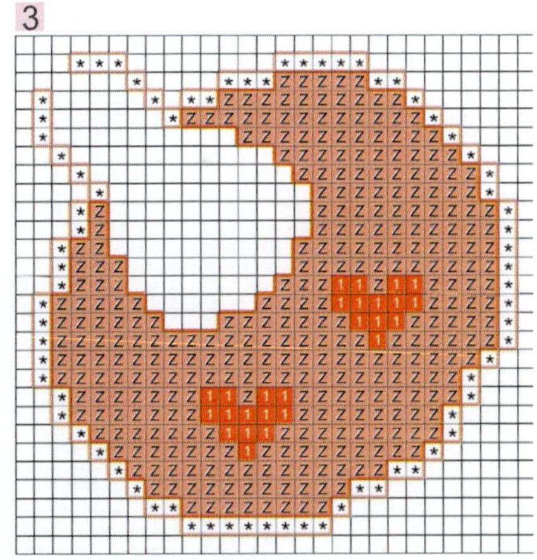

DICA:
Faça os dizeres que acompanham as lembrancinhas no computador! Para isso siga o modelo abaixo:

Eu, papai e mamãe ficamos felizes com sua visita!
___/___/___

1 a 3		
Medida em pontos: 26 Larg. X 26 Alt.		
ANCHOR MOULINÉ		
Cor:	Ponto Cruz	Ponto Atrás
1	★	
328	Z	–
330	1	–
302	♥	
304		–

4 a 6		
Medida em pontos: 26 Larg. X 26 Alt.		
ANCHOR MOULINÉ		
Cor:	Ponto Cruz	Ponto Atrás
1	★	
108	Z	—
110	1	—
302	♥	
304		—

4

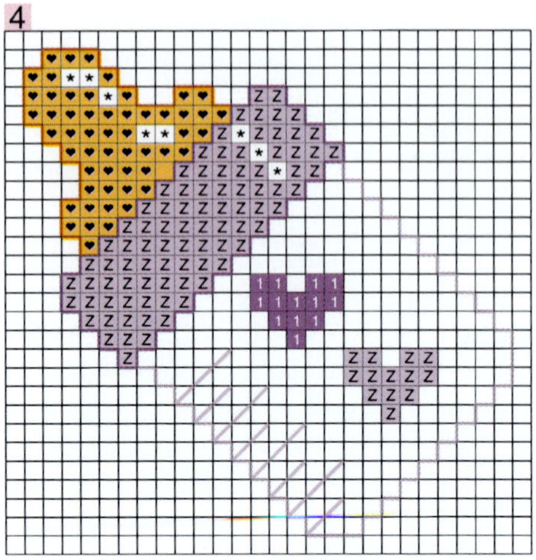

7

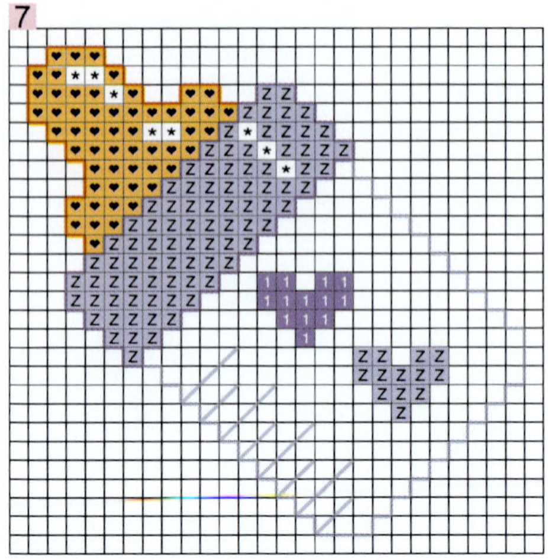

5

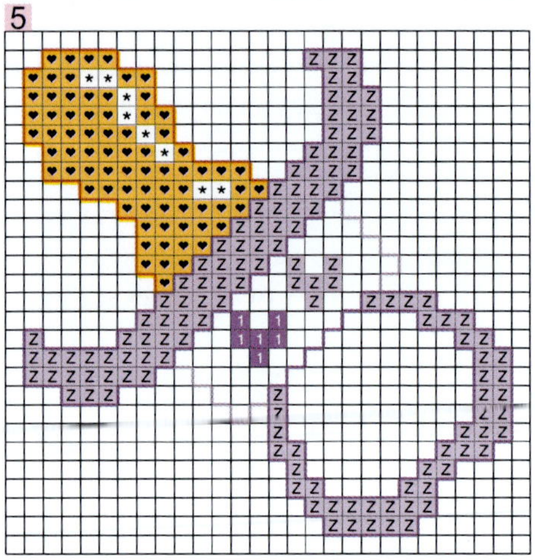

8

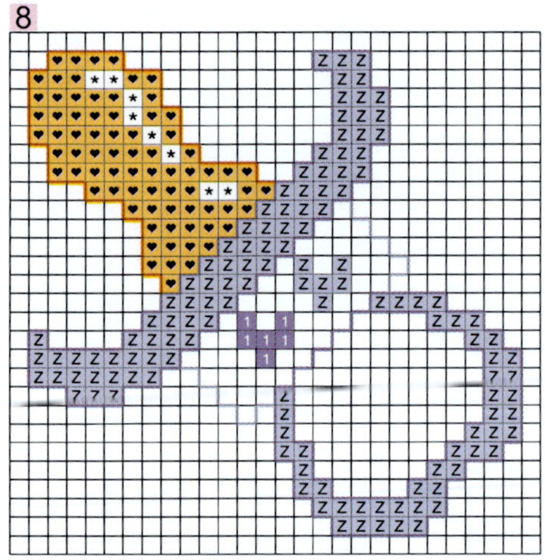

6

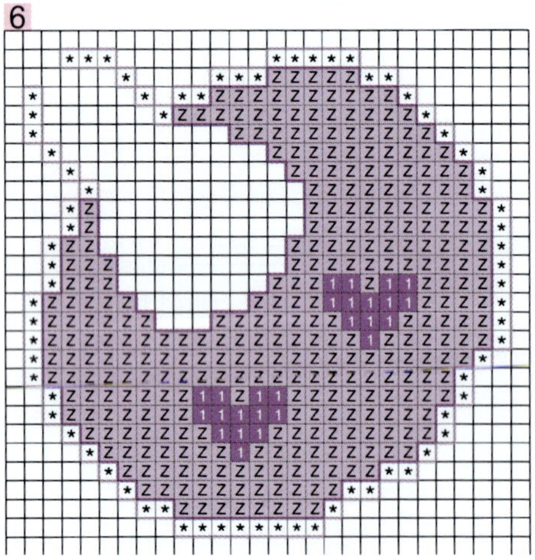

9

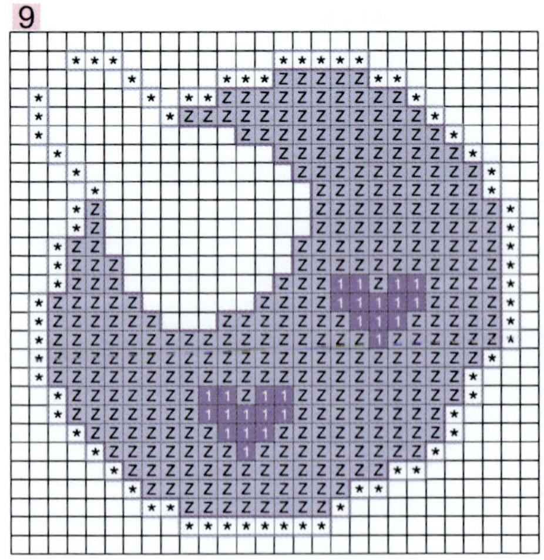

7 a 9		
Medida em pontos: 26 Larg. X 26 Alt.		
ANCHOR MOULINÉ		
Cor:	Ponto Cruz	Ponto Atrás
1	★	
144	Z	—
131	1	—
302	♥	
304		—

AS BOAS IDEIAS DO BORDADO:
Trabalhe esses motivos por todo o enxoval do bebê. Por serem pequenos, com altura inferior a 30 pontos, são ideias para serem aplicadas em barrados de babadores, toalhas de boca e capuz de toalhas de banho.

10

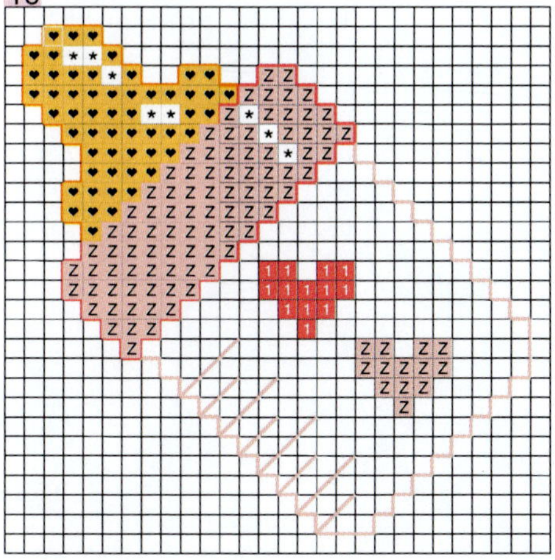

13

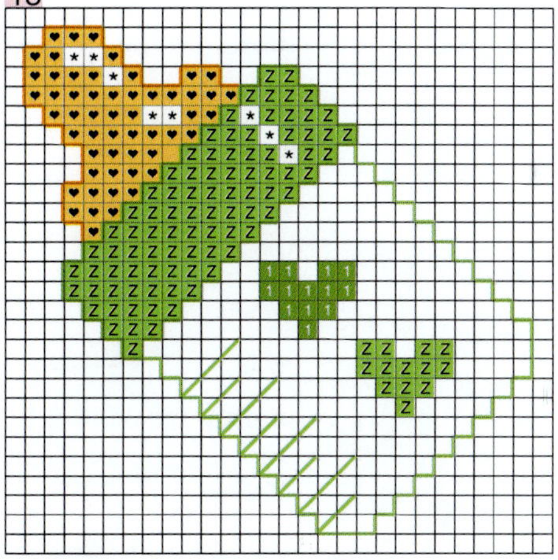

13 a 15		
Medida em pontos: 26 Larg. X 26 Alt.		
ANCHOR MOULINÉ		
Cor:	Ponto Cruz	Ponto Atrás
1	★	
204	Z	—
244	1	—
302	♥	
304		—

11

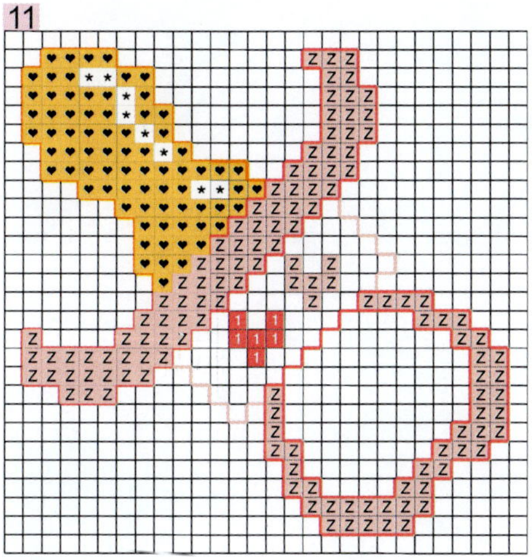

14

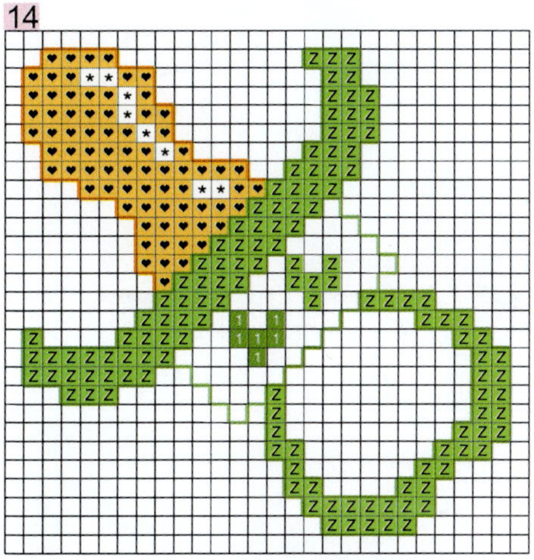

12

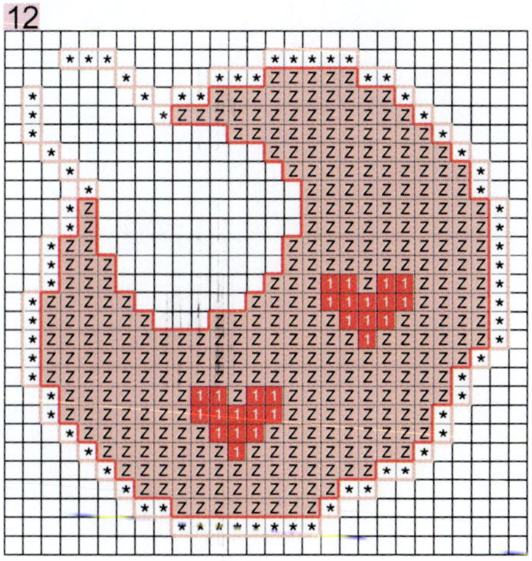

15

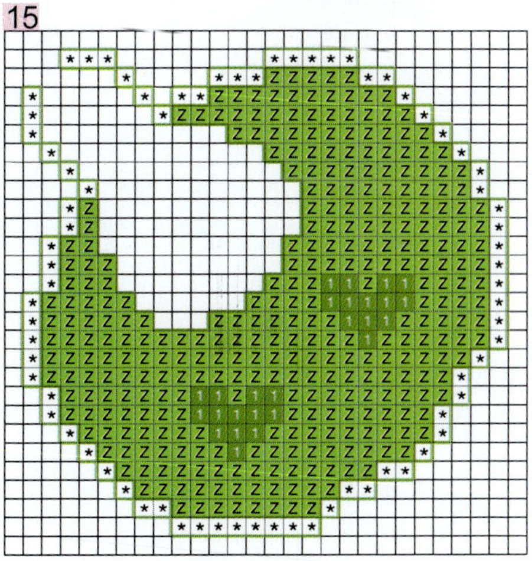

10 a 12		
Medida em pontos: 26 Larg. X 26 Alt.		
ANCHOR MOULINÉ		
Cor:	Ponto Cruz	Ponto Atrás
1	★	
24	Z	—
28	1	—
302	♥	
304		—

DICA:
Para trabalhar no étamine, use três fios de linha para bordar o ponto cruz e um fio para bordar o meio ponto, o ponto atrás e o nó francês.

Criação: Coats Corrente • Execução: Rosimeire C. de Paiva

PORTA-BALINHAS – PASSO A PASSO

Materiais

2 círculos com 7 cm de diâmetro (para o fundo), 2 círculos com 7,5 cm de diâmetro (para a tampa), 1 tira com 4 x 23 cm (para a lateral inferior), 1 tira com 2 x 26 cm (para a lateral superior); 4,5 x 4,5 cm (2 partes para as orelhinhas) de Panabé® na cor 26 (verde água); 14 x 14 cm (focinho) de Panabé® na cor 1 (branco); 1,10 m de passamanaria, da linha para artesanato Carola Binello® na cor 26 (verde claro); 30 cm (para contornar as orelhas) de cordão mágico, da linha para artesanato Carola Binello® na cor 26 (verde claro); Adesivo Universal, da linha de artesanato Carola Binello®; uma bola de isopor com 5,5 cm de diâmetro; elástico de borracha; alfinetes; linha Anchor Torçal Pérola; agulha Tapestry Corrente nº 22. Obs.: As medidas de Panabé® citadas acima foram calculadas para uma unidade.

Grau de dificuldade:

Médio.

Pontos empregados:

Ponto cruz e ponto atrás.

Como fazer:

Centralize os motivos nas peças de Panabé®, de acordo com o esquema. Trabalhe em 1 x 1 bloco de fios do Panabé®. Use 1 fio de linha na agulha para bordar o ponto cruz e o ponto atrás. Borde seguindo os gráficos nos 1 a 3 e as chaves de sinais para distribuir os pontos e as cores.

Montagem e acabamento:

Veja como trabalhar com o Panabé® nas páginas 33 e 34. Umedeça o quadrado de Panabé® branco completamente. Prenda-o na bola de isopor com o elástico e com o auxílio dos alfinetes. Estique o Panabé®, até que não haja nenhuma prega. Deixe secar. Em seguida, retire o elástico e os alfinetes. Recorte o excesso de Panabé® deixando a tampa na medida especificada no esquema. Cole os 2 círculos menores entre si. Em seguida, cole a tira destinada a lateral inferior neste círculo. Cole os círculos maiores entre si, já encaixando as orelhinhas na parte superior como mostra o esquema. Em seguida, cole a tira destinada a lateral superior neste círculo, com o auxílio do Adesivo Universal. Cole a parte do focinho logo abaixo dos olhinhos bordados. Cole com o auxílio do adesivo universal o cordão mágico em toda a volta das orelhinhas. Aplique a passamanaria nas partes superior e inferior tampa e da base da lembrancinha.

1

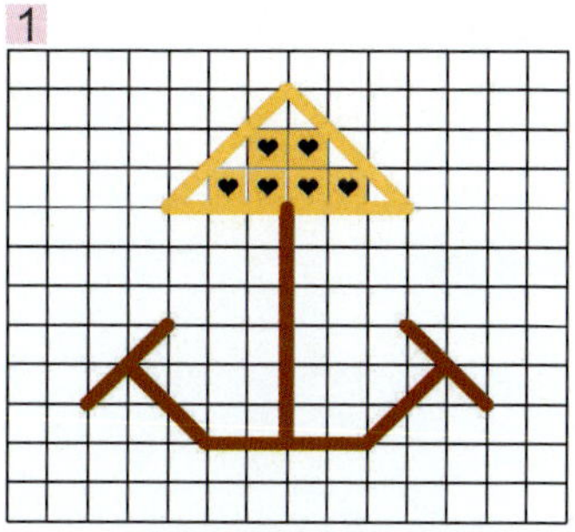

1

Medida em pontos: 12 Larg. X 10 Alt.		
ANCHOR TORÇAL		
Cor:	Ponto Cruz	Ponto Atrás
302	♥	—
370	?	—

2

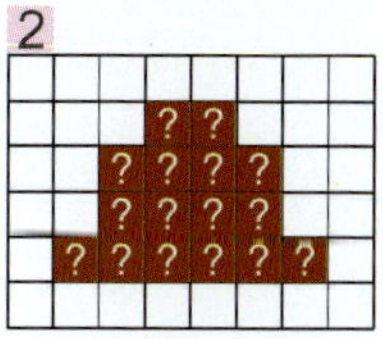

2

Medida em pontos: 06 Larg. X 04 Alt.		
ANCHOR TORÇAL		
Cor:	Ponto Cruz	Ponto Atrás
370	?	—

3

Medida em pontos: 17 Larg. X 05 Alt.		
ANCHOR TORÇAL		
Cor:	Ponto Cruz	Ponto Atrás
370	?	—

3

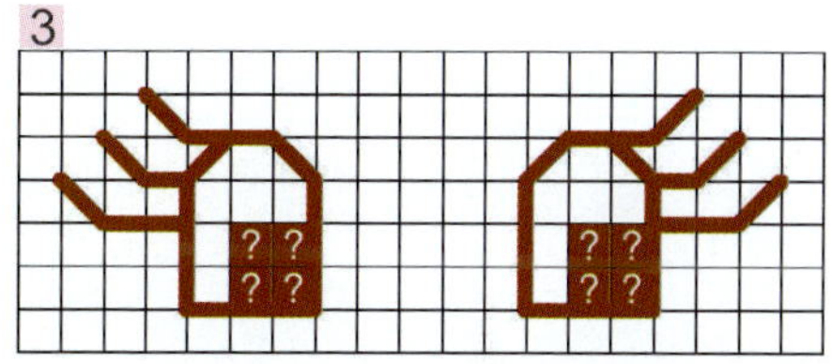

Esquema de montagem

DICA:
A peça foi idealizada para a chegada de um menino. Caso você esteja esperando uma princesinha, trabalhe as lembrancinhas nas seguintes opções de cores: 3 (rosa) ou cor 20 (amarelo). Para dar um toque mais especial aplique um lacinho feito com o cordão mágico na mesma cor da peça, ao lado da orelhinha da ursinha.

Molde do fundo e da tampa

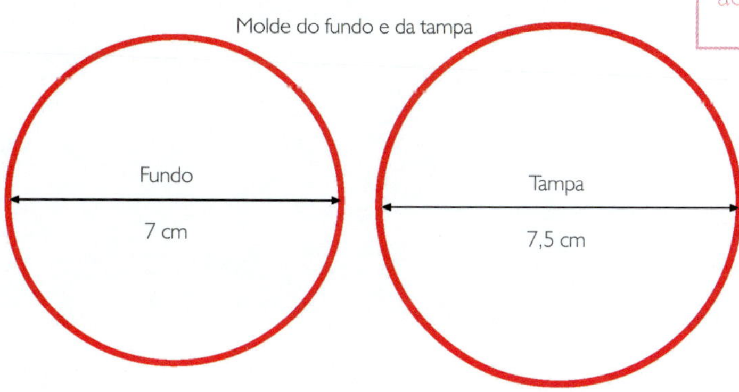

Molde orelhinha

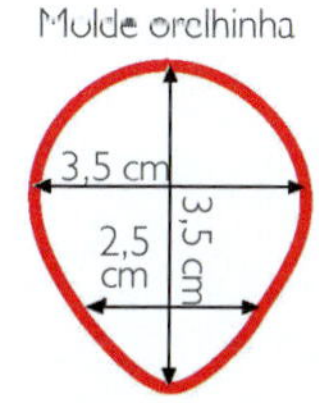

Quarto singular

O cantinho do bebê merece atenção especial. Afinal, é nesse ambiente que ele passará várias horas do dia. Por isso, a dica é preparar acessórios personalizados

Com apliques de tecido e pintura feita à mão de passarinho, Dona Chica Baby.

Com formato de flor, Lilibee .

Com formato de trem, Los Ninos.

De pano, em formato de coruja, Berta Gonçalez.

Redonda com flores de tecido, Le Petit Ange.

Fotos: Rodrigo Estrella • Produção: Sheila Rodrigues

Com formato de coração com miniflores bordadas, Ateliê Alice Diniz.

Em formato de gaiola com flor de crochê, Vanessa Guimarães.

Com cara de menino, Los Ninos.

Bordada, contando um conto, Studio Butterfly.

Com cara de urso e detalhes de tricô, Vanessa Guimarães.

Com cara de tigre, Lilibee.

Bordada com apliques e tema de fada, Dip en Dap.

O encosto para cabeceira de berço, confeccionado por Cissa Mesquita, recebeu apliques com cores delicadas e foi preenchido com plumante. Tudo por um sono nas nuvens.

Fotos: Mônica Antunes • Produção: Cristiane Alberto

A confecção superfácil desse babador, feito por Mônica Brentzel, uniu os pequenos apliques coloridos com o quilt em linhas retas e transversas. Pena que a papinha vai acabar vencendo esse lindo mimo!

O simples body de Isamara Mendes se transforma com uma bela sobreposição de tecidos, alternando as camadas do bolinho. O pequeno botão em forma de coração enriquece a peça como um detalhe sutil.

Depois de um banho divertido, o roupão com tecido atoalhado e apliques de docinhos, de Dileuza Costa, vai deixar seu bebê sequinho e protegido!

Fotos: Mônica Antunes • **Produção:** Cristiane Alberto • **Agradecimento:** Art de Lange (ambientação e adereços)

As pregas no tecido ajudaram a texturizar essa linda almofada com flores de tecido, também de Cissa Mesquita. Já a caixa sugerida por Jacy Silva foi "confeitada" com botões coloridos e "recheada" com chantili de feltro. Seu pequeno vai se deliciar!

Para compor um ambiente totalmente temático, não se esqueça das paredes. Os quadros de Jacy Silva receberam carton mousse com tecidos de poá, listras e manchado em composê. A cereja vermelha dá o toque final.

Além de útil, esse kit de higiene na técnica do patch décor é muito bonito. Elza Bittencourt optou por uma forração simples com tecido exclusivo estampado com pequeninos cupcakes.

O porta-trecos de Jacy Silva é resultado de um mix de técnicas e materiais: forrações com tecido estampado e de poá, apliques de feltro, sobreposições de viés e detalhes de botões coloridos.

Almofada de cabeceira

Materiais

• Tecido 100% algodão nas cores creme, rosa, caramelo e marrom chamuscado • Retalhos de tecido florido, vermelho e verde-claro • Máquina de cortar tecido • Papel termocolante • Linha de costura nas cores rosa antigo e caramelo • 1 kg de plumante • Tesoura • Caneta • Ferro de passar • Máquina de costura • Molde

1. Transfira o molde do cupacke para os tecidos creme e marrom chamuscado. No caso da cobertura do cupcake, transfira o risco diretamente para o papel termocolante e, sem seguida, fixe-o sobre o tecido rosa. Com o auxílio do cortador de tecidos, corte todos os moldes. Com o ferro, fixe o papel termocolante no verso dos retalhos floridos. Desenhe flores sobre o papel e recorte os moldes. 2. Inicie a montagem do cupcake posicionando o tecido marrom chamuscado sob o creme. Cole o tecido rosa no topo e finalize colando as flores sobre a cobertura do cupcake. Se preferir, decore o miolo das flores com pedrarias. 3. À máquina, faça um ponto caseado no contorno das flores e na junção dos tecido rosa e creme. Faça um leve franzido na junção dos tecidos creme e marrom chamuscado e finalize com uma costura reta.

4. Transfira 4 vezes o molde de cada faixa, sendo a maior no tecido rosa e a menor no caramelo. Recorte e faça uma costura reta nas laterais, pelo avesso, para preparar cada faixa. Sobreponha uma faixa caramelo no centro de uma faixa rosa e faça um bordado no centro com o ponto decorativo nº 45. Nas bordas, faça o ponto caseado. 5. Preencha o cupcake com o plumante e faça uma costura reta para fechar. Use o tecido rosa para fazer o viés da peça. Prenda duas faixas em cada lateral. Para finalizar, preencha um retalho de tecido vermelho com o plumante e alinhave com a linha rosa. Recorte duas folhinhas no tecido verde-claro. Costure as folhinhas e a cereja vermelha no topo do cupcake.

Variação:
A almofada decorada com flores de feltro tem custo médio de R$ 8,00 e pode ser vendida por R$ 40,00.
* Preço sugerido de venda para o kit completo (almofada, bolsa e cabeceira): R$ 145,00.

Fotos André Witnner Criação e execução Cissa Mesquita (com produtos Brother)

Kit higiene

Materiais

Kit higiene de MDF • Tinta PVA branca nº 1081, da Lucks Collor • 50 x 50 cm de tecido com estampa de cupcake, da Eva e Eva • 2 m de sianinha de poá rosa • 40 x 50 cm de tecido rosa em poá branco • Pincéis chatos nº 22 e nº 16, da Tigre • Lixas nº 360 e nº 120 • Cola para découpage têxtil, da Aquarela Brasil • Cola pano,da Glitter • Termolina leitosa, da Acrilex • Espátula • 1 folha de celofane transparente • Tesoura

1

2

3

1. Com o pincel nº 22, dê três demãos de tinta PVA branca em todas as peças. Aguarde a secagem conforme instruções do fabricante. Em seguida, alise todas as peças com a lixa nº 360. Use o pincel chato nº 16 para espalhar uniformemente a cola para decoupáge sobre as peças e fixe o tecido, alternando as cores conforme sua preferência. Posicione a folha de celofane sobre as peças e passe a espátula para retirar as bolhas do tecido. Para melhorar o acabamento, faça uma dobra no tecido das laterais da peça, aplique cola pano e fixe as sobras. 2. Utilize a lixa nº 120 para remover todos os excessos de tecido das peças. Com o pincel nº 16, aplique a termolina leitosa sobre toda a peça para impermeabilizá-la. 3. Com o auxílio do pincel chato nº 16, aplique a cola pano nas laterais das tampas da peças e fixe as sianinhas para finalizar.

Fotos Alexandre Andrade Criação e execução Elza Bittencourt (para Ateliê Mãos e Artes)

Porta-trecos

Materiais

Caixa redonda de cartonagem ou MDF com 24 cm de diâmetro • Tecidos de algodão nas cores: poá rosa e branco, listrado bege e com estampa de areia • Feltro nas cores rosa, marrom, vermelha e branca • Viés na cor rosa • Cordão de São Francisco de 4 mm bege • Rolinho de espuma • Pincéis nº 8 e nº 18 • Dobradeira • Estilete • Tesoura de tecido • Agulha / Linha / Cola quente • Cola branca • Botões coloridos • Manta acrílica com 250 mm de espessura • Lápis

PORTA-TRECOS – PASSOS

Porta-trecos

1

2

3

1. Coloque a tampa sobre o tecido de poá, risque o contorno e recorte sem deixar sobra. Repita com corpo da caixa. Com o rolinho, passe cola branca e fixe o primeiro recorte no interior da tampa e o segundo no fundo da caixa. Use o pincel nº 18 e a dobradeira para os cantinhos. Aguarde secar por 5 minutos. 2. Recorte o tecido de poá do tamanho da circunferência da caixa, sem sobra na horizontal, mas com 2 cm a mais na vertical. Com o pincel n° 18, passe cola branca na lateral interna da caixa e fixe o recorte. Para fazer as laterais interna e externa da tampa, corte no tamanho da circunferência, sendo 2 vezes maior na altura, e fixe na posição, fazendo a dobra de dentro para fora. Aguarde secar por 5 minutos. 3. Para a lateral externa, corte 3 pedaços de 13 x 20 cm do tecido listrado. Com o rolinho, passe cola branca nas laterais, fixe os recortes na vertical, faça a dobra para dentro e finalize o acabamento interno. Para o fundo externo, corte o tecido que imita areia poeira no tamanho exata da circunferência e fixe com cola branca. Aguarde secar por 5 minutos. Agora, com o n° 18, passe cola branca nas emendas dos tecidos listrados na lateral externa e fixe tiras do viés rosa. Cole o viés também na circunferência inferior da caixa. Aguarde secar por 5 minutos.

4

5

5
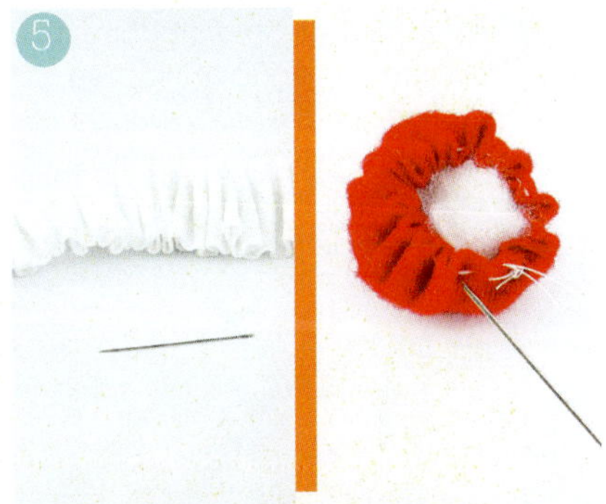

6

4. No acabamento interno, fixe tiras de viés rosa na junção dos tecidos e o cordão em toda a volta do fundo. Para fazer os lacinhos, corte tiras de 3,5 cm, 11,5 cm e 15 cm de viés. Passe cola e una as pontinhas das tiras maiores, formando dois círculos. Aplique cola quente no meio do círculo maior, fixe sobre ele o círculo menor e feche com a tira de 3,5 cm. Faça 2 lacinhos e, com cola quente, fixe-os sobre o viés. 5. Corte 3 camadas de manta acrílica do tamanho da circunferência da tampa, mas com 2 cm de sobra. Passe cola branca na tampa, fixe as camadas de manta acrílica e aguarde secar por 5 minutos. Com a tesoura, retire o excesso. Sobreponha o feltro rosa no centro da tampa, passe cola quente na lateral externa, rente ao topo e sobre o tecido rosa de poá, e fixe as bordas do feltro rosa. Retire o excesso com o estilete. 6. Para fazer o chantili, corte 4 tiras de 100 x 3,5 cm de largura de feltro branco e alinhave, com agulha e linha, no meio das tiras, unindo-as uma as outras. Para fazer a cereja, corte um círculo de feltro vermelho de 4 cm e alinhave as pontas. Pegue um pedaço de manta acrílica, coloque dentro do feltro e costure bem. Para fazer o cabinho, passe linha marrom no meio da cerejinha, deixe um pedacinho para fora e passe cola para endurecer. 7. Passe cola quente nas laterais e fixe o chantili de feltro branco. Para fazer os rolinhos, corte dois pedaços de 15 x 5 cm de feltro branco e rosa. Posicione um sobre o outro, enrole e passe cola quente na ponta para fixar. Corte o feltro marrom no formato de nuvem e, com a cola branca, fixe-o sobre a tampa da caixa. Então, com cola branca, fixe os rolinhos e a cerejinha sobre ele. Aguarde secar por 5 minutos. Finalize colando botões coloridos sobre a caixa com a cola quente.

Fotos André Wittner e Fernanda Venâncio Criação e execução Jacy Silva (para Atelier Casinha de Tecido)

Quadro cupcake

Materiais

Quadro de MDF de 20 x 20 cm • Placa de EPS de 20 x 20 cm • Tecidos de algodão nas cores vermelho-cereja, bege listrado, poá rosa e branco e com estampa que imita areia, da Telanipo • Cola branca • Rolinho de espuma • Pincéis nº 8 e nº 18 • Dobradeira • Lápis • Desmanchador de costura • Estilete pequeno • Estilete grande • Tesoura para tecido • Tesourinha de ponta curva • Régua • Botãozinho de estrela • Agulha • Linha para bordar rosa

1. Com o pincel nº 8, passe cola branca sobre a superfície do quadro e fixe a placa de EPS. Espere secar por 2 horas. Com a régua e o lápis, faça uma moldura de 2,5 cm nos quatro lados. Desenhe os moldes do cupcake no centro da placa. 2. Com o estilete grande, risque a moldura, e com o estilete pequeno, contorne o cupcake desenhados. Use a ponta mais fina do desmanchador para aprofundar os cortes. Com a régua, o estilete pequeno e o desmanchador, faça um corte nas quatro quinas da moldura. 3. Com o pincel nº 8, passe cola branca sobre a base do cupcake e, por cima, colo um pequeno pedaço do tecido listrado. Aguarde secar por 3 minutos e, com a parte mais fina do desmanchador, encaixe o tecido nas aberturas. Retire o excesso de tecido com a tesourinha ponta curva e, novamente com o desmanchador, empurre as sobras para dentro.

4. Repita o procedimento com o restante do cupcake, de acordo com as cores da peça finalizada. Utilize a dobradeira para ajudar na fixação do tecido. Aguarde secar por 3 minutos. 5. Forre a moldura com o tecido de poá, sendo 1 cm para cima da margem e 2 cm para trás. Com o pincel nº 18, passe cola branca na parte de trás do MDF e inicie a colagem do tecido de poá a partir das pontas. Aguarde secar por 3 minutos. 6. Vire o quadro para frente e faça um pequeno corte nas laterais do tecido de poá. Passe cola nas laterais e fixe o tecido. Recorte o excesso com a tesoura. Utilize o desmanchador para colocar a sobra para dentro. Aguarde secar por 3 minutos. 7. Para impermeabilizar, dilua 1 colher (de sopa) de cola branca em 1 colher (de sopa) de água e, com pincel nº 8, passe sobre todo o tecido colado. Espere secar por 30 minutos. Passe a linha rosa pelo botão de estrela e dê um nó. Finalize colando esse botãozinho sobre a base do cupcake, com uma gota de cola branca. Aguarde secar por 5 minutos.

Fotos André Wittner Criação e execução Jacy Silva (para Atelier Casinha de Tecido, com produtos Telanipo)

Cordão de cortina de cupcakes

Materiais

Tecido 100% algodão: 3 estampados em tons de rosa, 2 floral creme e 1 liso creme • Gabarito circular de 10 cm de diâmetro, da We Care About • Molde da base do cupcake • Tesouras comum e de picote • Plumante • Cordão encerado • Linha para costura branca nº 10 • Linha de crochê mescla rosa • Agulha de tapeceiro • Agulha de costura • Lápis preto • Contas variadas

1. Risque 6 círculos de 13 cm de diâmetro no tecido de poá rosa e recorte com a tesoura de picote. Transfira o risco do molde (espécie de cruz) para o círculo e recorte com a tesoura comum. Repita o procedimento para fazer outros cinco "copinhos". 2. Com a linha de costura branca, una a cruz no formato do copinho e preencha com o plumante. Use o gabarito circular para riscar 6 círculos de 10 cm no tecido floral e recorte com a tesoura de picote. Alinhave os círculos com a linha branca, como se fosse um fuxico. Antes de fechar completamente o círculo, preencha-o com o plumante e finalize a costura. 3. Use a linha de crochê rosa e a agulha para unir o copinho e o topo do cupcake.

4. Para formar a flor, utilize o gabarito circular para riscar 6 círculos de 8 cm em cada uma das cores dos tecidos. Repita o procedimento para montar os fuxicos com o plumante. Uma as 6 bolinhas com linha e agulha. Agora, risque 2 vezes o desenho de um coração no tecido de sua preferência. Recorte com a tesoura de picote e costure as com linha branca, preenchendo com plumante. 5. Com a agulha de tapeceiro, trespasse os cupcakes, a flor, o coração e as contas no cordão encerado, deixando um espaço de cerca de 10 cm entre eles. Monte da maneira que desejar, criando diferentes cordões.

Fotos Camila Calicchio Criação e execução Edna Gomes

Em meio a cores suaves e muitas borboletas, a decoração deste quarto contou com papel de parede e quadros de scrap. A união de nove quadrinhos formando um delicado galho de árvore é surpreendente. Vamos aprender a fazê-lo?

Foto: Sidney Doll

Quadro

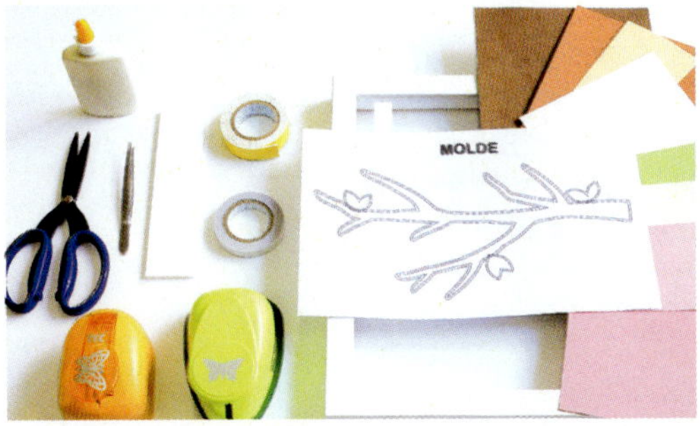

Materiais

Cola branca • Colorplac • Estilete • Fita banana • Fita dupla face • Furador complexo borboleta estilizada e furador borboleta extra gigante 2, da Toke e Crie • Papéis para scrap nas cores: marrom escuro, marrom claro, bege escuro, bege claro, verde escuro, verde médio, verde claro, rosa escuro, rosa claro, da Cardstok • Pinça • Quadro 30 x 30 cm • Tesoura • Molde

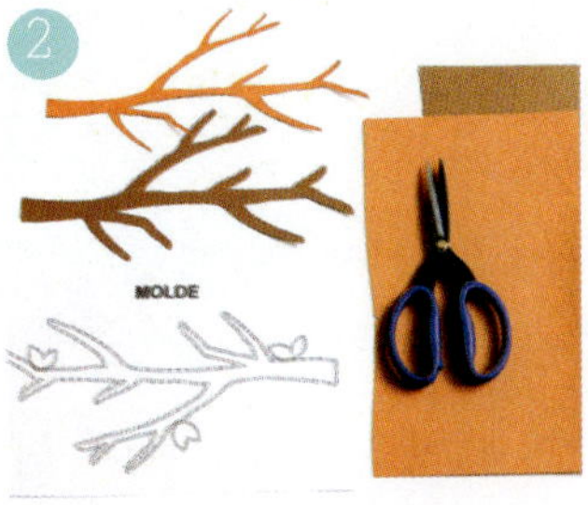

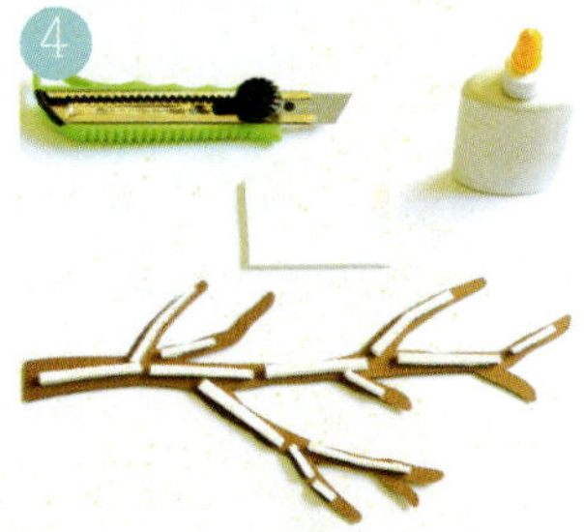

1. Passe fita de dupla face em toda a extensão do fundo do quadro e cole a folha para scrap verde médio. 2. Risque o molde do galho nos papéis marrom e recorte-o. 3. Com fita banana, cole o galho marrom claro sobre o marrom escuro. 4. Com a cola branca, aplique pedaços de colorplac na parte de trás da árvore.

5. Cole o galho no fundo do quadro, deixando 0,5 cm para o encaixe da borda. 6. Com os furadores, faça dois modelos de borboleta nos tons de rosa e bege. 7. Dobre levemente as borboletas estilizadas e, com a cola branca, cole-as sobre as borboletas lisas. 8. Aplique as borboletas sobre o galho e o fundo do quadro, de forma aleatória. Para fazer o efeito de 3D, use o colorplac.

9. Risque as folhas do molde nos papéis verde escuro e verde claro, recorte e cole uma sobre a outra. 10. Cole as folhas nas pontas do galho marrom escuro. 11. Cole mais algumas borboletas sobre o fundo para preencher o espaço e coloque a moldura.

Fotos Sidney Doll Criação e execução Vlady (com produtos Toke e Crie para o Atelie do Vlady)

Veja outras ideias encantadoras deste quarto:

Nesta sugestão, a artesã Luciana Pumputis traz um porta-trecos para facilitar a vida no corre-corre da mamãe. Com três grandes bolsos, a peça customizada com a técnica do patch apliquê é animada pela ovelha e tem espaço para mamadeiras, fraldas e demais necessidades.

Foto: Mônica Antunes • Produção: Cristiane Alberto

Porta-trecos

Materiais

Tecidos 100% algodão, sendo: 1 retângulo de 43 x 50 cm e 4 tiras de 9,5 x 50 cm com estampa lilás; 1 retângulo de 27 x 35 cm na cor lilás liso; 1 retângulo de 29 x 35 cm xadrez verde, e retalhos na cor bege • 2 retângulos de 50 x 70 cm e retalhos de tecido piquê baby; e 1 retângulo de 27 x 35 cm de feltro branco, da Estilotex • Entretela dupla-face, da Tec Label • 1 retângulo de 55 x 75 cm de manta acrílica • Agulha Darning nº 7; Linha para bordar Anchor na cor lilás (109); e Alfinetes, da Coats Corrente • Lápis HB • Placa de corte; Régua de corte; Cortador circular; Tesoura para artesanato, da Toke e Crie • Máquina de costura • Linha de costura branca • Ferro de passar • Molde

1

2

1. Com o cortador circular, corte todos os tecidos nas medidas indicadas na lista. Em seguida, transfira para a entretela os moldes da ovelha e recorte pelo risco, deixando uma margem de 0,5 cm. Agora, posicione os recortes do corpo e da cabeça no avesso do retalho de piquê branco, e as patinhas e o rosto no avesso do retalho bege, deixando a parte colante voltada para o tecido. Feito isso, passe o ferro quente (110 °C a 140 °C) por cerca de 20 segundos e recorte as partes. 2. Monte a ovelha no retângulo lilás liso, retirando o papel siliconado da entretela na seguinte ordem: corpo, cabeça, rosto e patas. Com as mãos, pressione os recortes suavemente para que fixem no tecido lilás. Com a agulha e a linha lilás, contorne todas as partes com ponto palito. Em seguida, faça um nó francês para simular o olho da ovelha. À máquina, costure o feltro branco no avesso do tecido lilás com a ovelha. Com alfinetes, prenda o tecido xadrez verde sobre o tecido lilás, direito com direito, e passe uma costura reta na parte superior. Repita o processo para unir os outros lados do tecido xadrez, deixando uma abertura de 10 cm. Desvire a peça pela abertura, alise-a com o ferro e feche com pontos invisíveis à mão. Passe outra costura na parte superior para rebater.

3

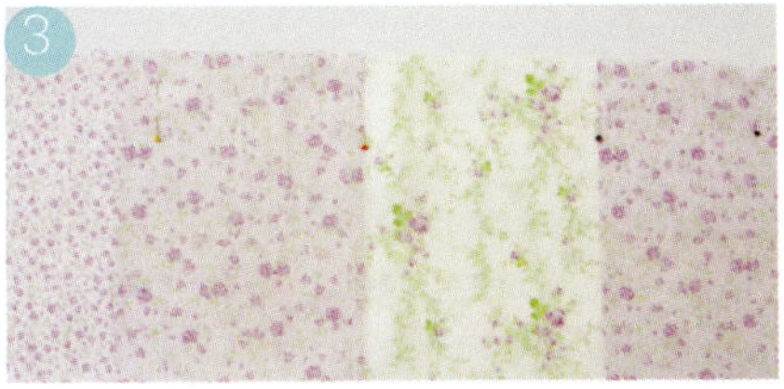

4

3. Para fazer o bolso inferior, dobre um retângulo de tecido lilás estampado ao meio, formando um retângulo, direito com direito. No sentido do comprimento, prenda as laterais com alfinetes e passe uma costura à maquina, deixando uma abertura de 10 cm. Desvire o bolso e feche a abertura com pontos invisíveis. À máquina, rebata a costura superior. 4. Meça 9 cm das laterais inferiores do bolso e, com o auxílio de alfinetes, faça uma prega de 3 cm de cada lado. Passe uma costura à máquina para segurar as pregas, deixando-as com 4 cm de altura.

5

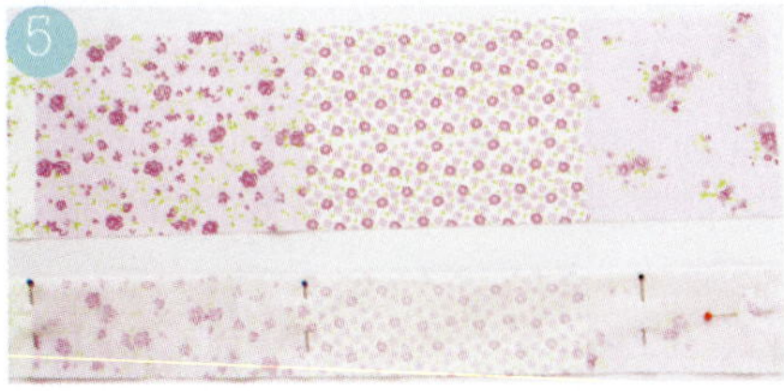

6

7

5. Dobre as tiras do tecido lilás estampado ao meio e pelo avesso. Em seguida, costure à máquina toda a volta, deixando uma das pontas abertas. Desvire a tira e passe com o ferro para esticá-la. Faça o mesmo com as outras três tiras, para compor as alças do porta-trecos. 6. Para compor a base do porta trecos, faça a seguinte montagem: manta acrílica, posicione sobre ela um dos retângulos de piquê (com o direito para cima), duas tiras para as alças de cada lado (deixando uma margem de 6 cm das bordas para dentro) e o outro retângulo de piquê com o direito para baixo. Costure a volta toda à máquina, deixando uma abertura de 20 cm em um dos lados para desvirar. Feche a parte aberta com pontos invisíveis e, à máquina, rebata toda a volta. 7. Prenda com alfinetes o bolso da ovelha, centralizando-o a 8 cm da borda superior, e passe uma costura nas laterais e na parte inferior. Com alfinetes, prenda o bolso centralizado a 3,5 cm da borda inferior e costure-o à maquina. Passe também outra costura vertical na metade do bolso para dividi-lo em 2 compartimerntos.

Fotos Carla Paraizo Criação e execução Luciana Pumputis (com produtos Toke e Crie, Estilotex, Tec Label, Najar e Coats Corrente)

Novas cores

Para enriquecer ainda mais seus trabalhos, a Acrilex lança novas tonalidades de tintas para tecido. Nesta seção, você confere passos com alguns lançamentos. Aproveite!

Kit de higiene

Materiais:

Tintas para tecido de cores flamingo (cód. 829), vermelho-bebê (cód. 800), rose (cód. 988), marrom (cód. 531) , palha (cód. 834), rosa-bebê (cód. 813), da Acrilex • Tinta para tecido Acripuff preta, da Acrilex • Cola Permanente, da Acrilex • Super cola pano, da Acrilex • Cola lantejoula, da Acrilex • Fita crepe • Pincéis (códigos 057-4, 057-6 e 075-000), da Acrilex • Lápis 6B • Papel carbono • Três potinhos brancos • Potes de MDF para o Kit Higiene • Risco

1. Com o lápis, marque no tecido a área em que a ilustração será aplicada, tendo o pote como referência de tamanho. 2. Com auxílio da tábua e do carbono, transfira o molde para o tecido. 3. Com o pincel 057-6 e a tinta palha, preencha o rosto e o pescoço da menina. 4. Com o mesmo pincel e a tinta marrom, pinte o cabelo do desenho.

5. Com o pincel 057-4 e a tinta rose, pinte o vestido e o lacinho. 6. Com o mesmo pincel e a tinta rosa-bebê, faça as bochechas da menina. 7. Vire o pincel 075-000. Mergulhe o cabo do pincel na cor vermelho-bebê e faça bolinhas no vestido e no lacinho. 8. Para fazer o fundo, carregue o pincel 057-6 com a cor flamingo. Preencha em volta do desenho, deixando um espaço do contorno, em torno de meio milímetro. Deixe secar por mais ou menos 1 hora.

Variação:

Para fazer a segunda bailarina, utilize a cor vermelho-bebê para pintar o vestido. Em seguida, faça pontinhos formando uma flor com a cor rose.

9. Com o Acripuff, contorne todo o desenho. Siga as instruções da embalagem e deixe secar cerca de 24 horas. Após esse tempo, use o ferro ou o secador para expandi-lo. 10. Com a cola lantejoula, coloque a pérola no miolo da flor que a menina segura. 11. Aguarde em torno de 1 hora, e recorte o desenho. Espalhe a Super Cola Pano e fixe a ilustração no pote.

Você pode aplicar a ilustração nas seguintes peças:

Toalha de banho

Fraldinhas

Babador

Fotos André Wittner Texto Andressa Lara (estagiária) Criação e execução Maria Tereza de Toledo

Almofada

Materiais:

Tintas para tecido de cores areia (cód. 817), camurça (cód. 525), jatobá (cód. 995), sépia (cód. 551), rRose (cód. 988), marrom (cód. 531), branco (cód. 519), azul-petróleo (cód. 596), preto (cód. 520), pêssego (cód. 566), vermelho-tomate (cód. 583), vinho (cód. 565), amarelo-ouro (cód. 505), cinza lunar (cód. 574), erva-doce (cód. 989), menta (cód. 990), caqui (cód. 986) e preto (cód. 520), da Acrilex • Aquarela silk • Diluente para tinta em tecido • Pincéis (códigos 054-8, 054-4, 074-4, 075-000, 071-14), da Acrilex • Pano • Carbono • Tábua colante • Estênceis de flores e bolinhas • Risco

1. Tendo a tábua colante como base e com o auxílio do carbono, transfira o molde para o pano. Com o diluente, o aquarela silk e o tom areia, faça uma misturinha para dar início a pintura da pele. Com o pincel 054 – 8, preencha o rosto com a mistura em movimento circular. 2. Com o mesmo pincel e a tinta camurça, mantenha o movimento circular e dê toques apenas nos contornos do desenho da pele. Siga esfumando de fora para dentro e vice-versa. 3. Mantenha o pincel e, com a tinta jatobá, acrescente um pouco de sépia na ponta do pincel para fazer a profundidade da pele. Preencha o contorno do desenho, acentuando em cima da anterior.

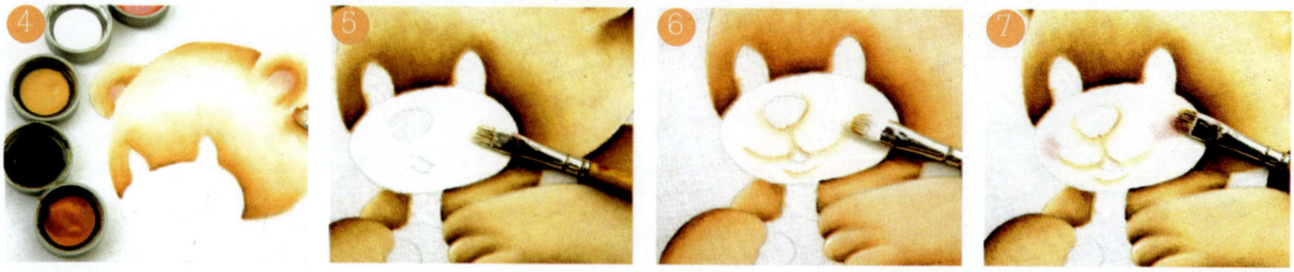

4. Após terminar de preencher a pele por completo, com o rose e o mesmo pincel, esfume a orelha de dentro para fora. 5. Com o diluente misturado à tinta branca e o mesmo pincel, preencha, em movimento circular, todo o focinho do desenho 6. Com o mesmo pincel, utilize a tinta camurça para esfumar abaixo do contorno do nariz e da boca. 7. Com o rose e o mesmo pincel, pinte a bochecha em movimento circular.

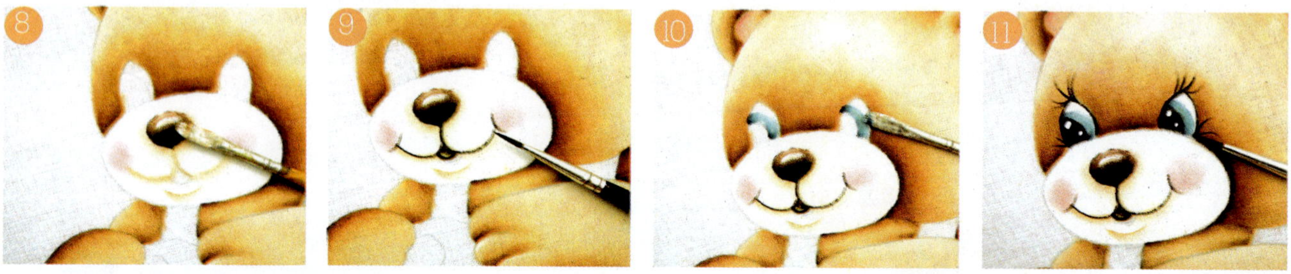

8. Com o pincel nº 074-4 e a tinta marrom, preencha a região do nariz, esfumando-a. Dê uma acentuada com a tinta preta. Em seguida, utilize o branco para iluminar a ponta do nariz. 9. Com o pincel 075-000 e a tinta marrom, preencha a boca e arremate-a iluminando com o branco. Continue com o pincel e misture a tinta preta com a sépia para fazer o contorno da boca. 10. Com o pincel 074-4 e a tinta branca, preencha a parte do olho. Com o mesmo pincel e a tinta azul-petróleo, esfume a íris ocular, de fora para dentro. Utilize o preto para preencher a pupila. Com o mesmo pincel, utilize o branco para iluminar os olhos, de cima para baixo. 11. Agora com o pincel 075-000, use a tinta preta e sépia juntas, diluídas com a aquarela silk, e contorne todo o olho, puxando os cílios. Com o mesmo pincel e a cor branca, faça um ponto de luz ocular. Em seguida, utilize o mesmo pincel e a tinta preta, puxando as sobrancelha e os cílios.

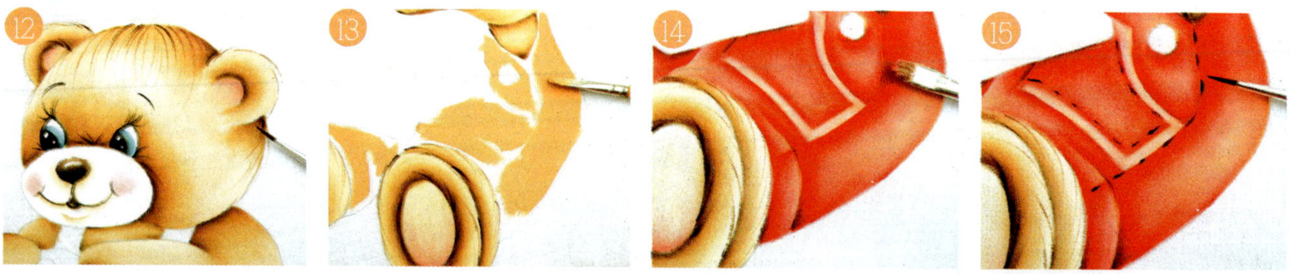

12. Com a tinta e o pincel anterior, faça os cabelos, do contorno para dentro. Faça o mesmo na pata do ursinho. 13. Para pintar a roupa, utilize o pincel 054-8. Misture o diluente com a tinta pêssego. Faça a pintura deixando um espaço em volta do contorno, que servirá para acrescentar a segunda cor. 14. Com o mesmo pincel e vermelho-tomate, preencha esfumando o contorno da roupinha. 15. Com a tinta vinho, esfumasse de leve em cima da cor anterior, para acentuar o tom. Em seguida, com a mesma cor, faça marcações de costura no contorno.

16. Com o pincel 075-000 e a tinta cinza-lunar, preencha o botão da roupinha. Com o branco, desenho a marcação do botão e dê uma sombreada contornando-o. 17. Para fazer a bola de brinquedo, utilize o 054-8 e com a tinta erva-doce, preencha o objeto. 18. Siga com o mesmo pincel, com esfumando com tinta menta, em cima da anterior.

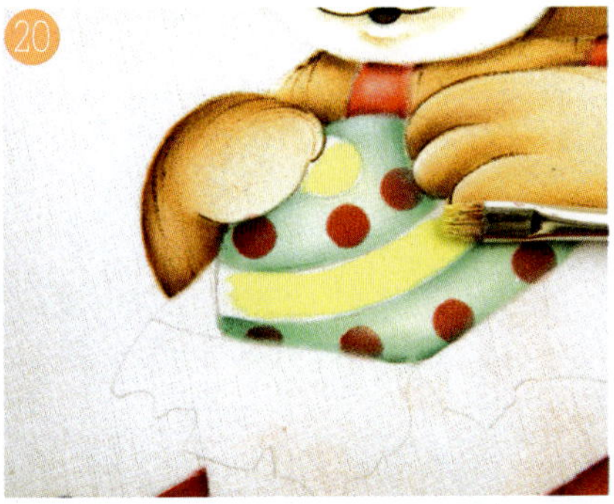

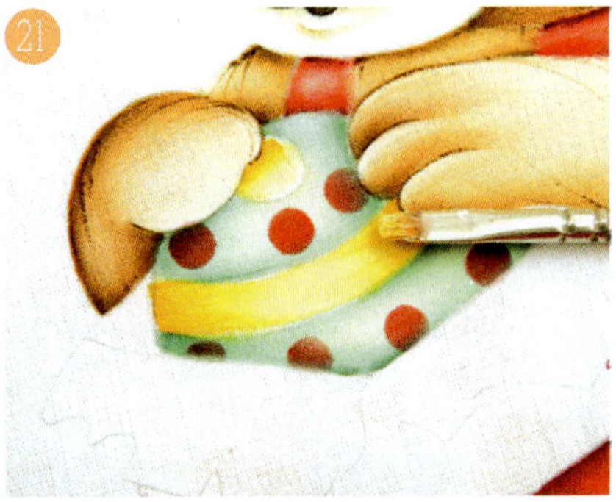

19. Com auxílio do estêncil de bolinhas, utilize o vermelho-tomate para decorar a bola e a caixa do desenho. 20. Com o amarelo-bebê e o mesmo pincel, preencha a outra parte da bola. 21. Em seguida, mantenha o mesmo pincel e esfume com o amarelo-ouro.

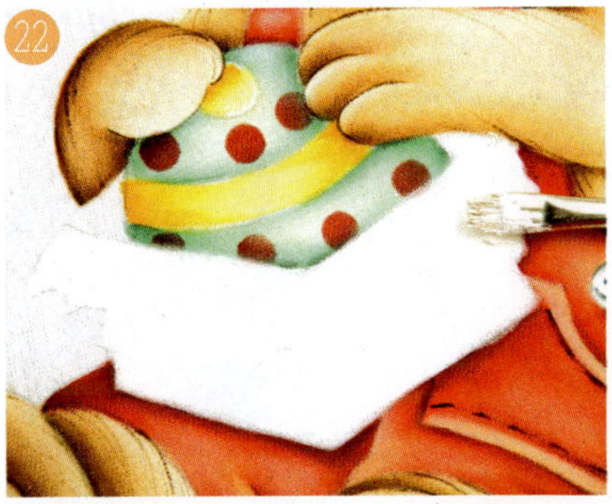

22. Misture o diluente com o branco e preencha toda a caixinha. 23. Com o mesmo pincel e o cinza-lunar, esfume o contorno da região. 24. Com auxílio do estêncil de flores e a tinta violeta, decore a caixa.

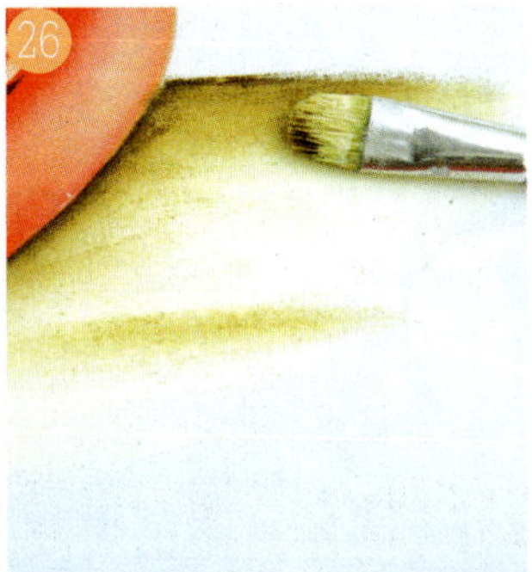

Variação:

25. Para fazer o chão, utilize o pincel 054-8 e a tinta caqui, e pinte um sombreado. 26. Em seguida, acentue com a tinta sépia, fazendo camadas. Com o mesmo pincel, ilumine com branco. 27. Com o pincel 071-14 e o tom de sépia diluído junto à aquarela, forme os veios da madeira.

Fotos André Wittner Texto Andressa Lara (estagiária) Criação e execução Maria Odete

Body

◄ Materiais:

Tinta para tecido de cores azul-hortênsia (cód. 579), azul-celeste (cód. 503), mostarda (cód. 593), cinza-lunar (cód. 574), amarelo-ouro (cód. 505), branco (cód. 519), erva-doce (cód. 989) e menta (990), da Acrilex • Diluente para tinta em tecido • Pincéis (códigos 054-8 e 054-4), da Acrilex • Pano • Carbono • Tábua colante

É novidade!

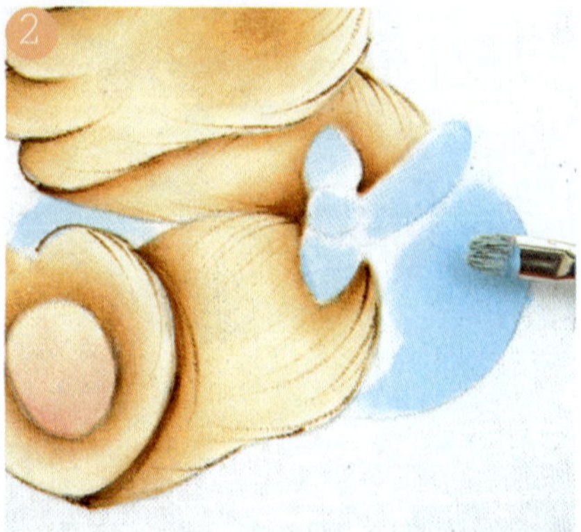

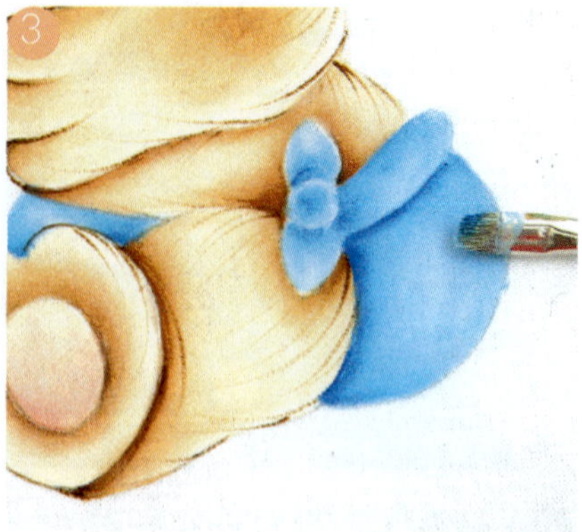

1. Seguindo a mesma orientação do passo da almofada desta seção, deixe pronta a pele do desenho. 2. Misture a tinta azul-hortênsia com o diluente. Com pincel 054-8, comece a pintar a fralda do ursinho. 3. Com o mesmo pincel e a tinta azul-celeste, vá esfumando o contorno.

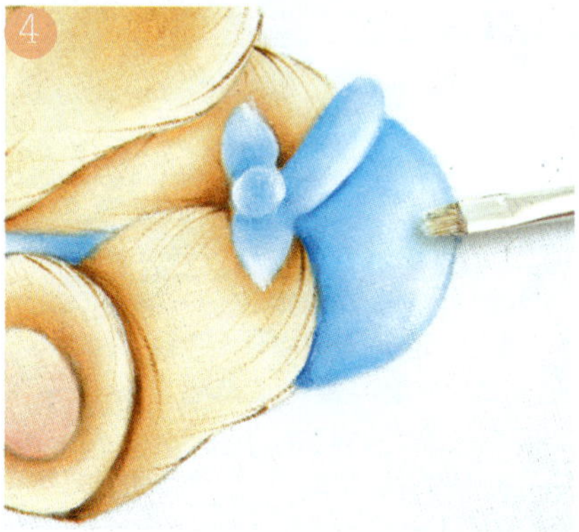

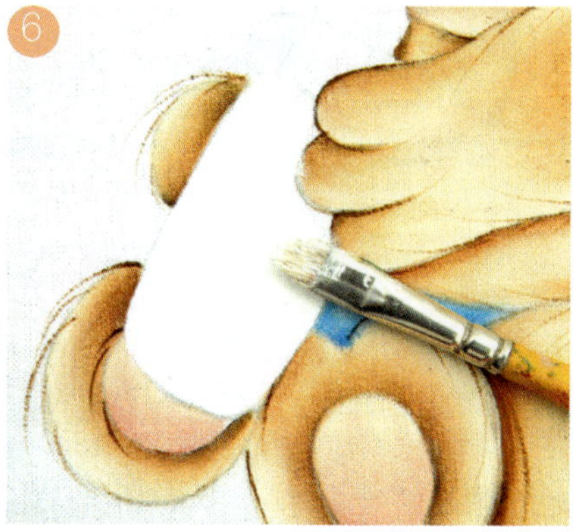

4. Com o mesmo pincel, utilize a tinta branca para iluminar o desenho, sempre em movimento circular. 5. Para a mamadeira, siga com o mesmo pincel e misture a tinta branca ao diluente para pintar o objeto. 6. Em seguida, com o cinza-lunar faça a sombra contornando o local.

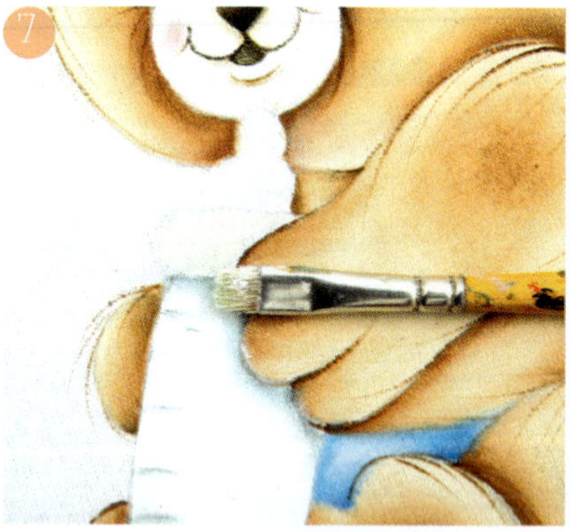

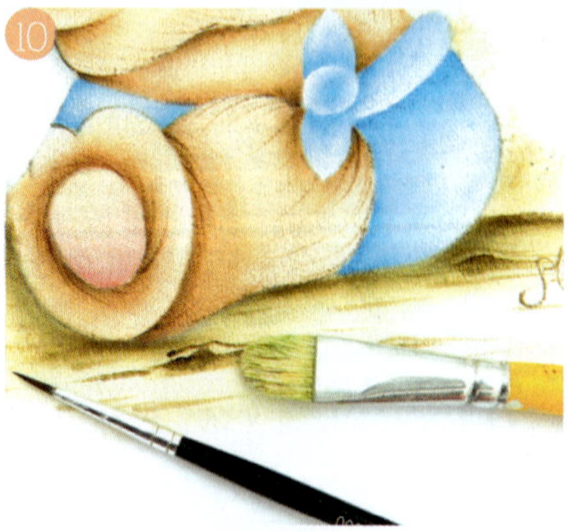

7. Com o mesmo pincel, utilize a cor erva-doce para pintar a tampa da mamadeira. Faça o contorno com a cor menta. 8. Com o pincel 054-4, misture a cor mostarda com o diluente e preencha o bico da mamadeira. 9. Com o mesmo pincel, use a cor amarelo-ouro para esfumar o bico. Em seguida, ilumine com o branco. 10. Faça o chão conforme indicação da pintura do passo da almofada desta seção.

Fotos André Wittner .Texto Andressa Lara (estagiária) Criação e execução Maria Odete

A Adesivos Artísticos animou o ambiente com adesivos de parede exclusivamente criados para este guia. Além da parede, os balões podem enfeitar portas de armário, gavetas de cômoda e laterais de berço.

Foto: Mônica Antunes • Produção: Cristiane Alberto

Famosa em lojas de decoração, a luminária em formato de balão foi criada artesanalmente por Tatiane Delphino, que surpreendeu pelo ótimo acabamento. Com o ursinho na cestinha, seu bebê terá sempre um amigão para acompanhá-lo.

Nada melhor que um sono tranquilo e sem riscos. Sandra Barros utilizou piquet, viés e muito capricho para criar os protetores e a saia de berço. Só de ver, dá vontade de apertar!

Abajur e estante – passos

Abajur de carton mousse

Materiais:

Abajur de polietireno expandido, da Placa La Pluma • Tecido de algodão, sendo 6 quadrados de 20 cm em tons pastéis, 1 tira de 30 cm x 1,40 m estampado com fundo branco e 1 retângulo de 50 x 70 cm verde listrado • 20 cm de soutache branco • Estilete • Cola branca • Cola quente • Fita-crepe • Régua • Tesoura • Pincel chato nº 815-10 • Lápis preto • Descosturador • Risco

1. Desenhe uma moldura de 1 cm em toda a cúpula do abajur. Transfira os riscos de balão nas laterais da cúpula. Use o estilete para fazer vincar o contorno de todos os balões e molduras. 2. Corte 4 tiras de 2,5 cm e 2 tiras de 2 cm de largura no tecido verde listrado. Use as tiras mais larga nas molduras verticais as mais finas nas horizontais. Dica: corte uma medida de tecido mais larga que as marcações na placa, para poder encaixar as sobras nos vincos. 3. Transfira o risco do balão 4 vezes para o direito dos tecidos coloridos, deixando uma sobra de 0,5 cm, e recorte. Transfira o contorno do balão 4 vezes para o direito do tecido verde estampado, com 0,5 cm a menos no tamanho.

4. Com o pincel chato nº 10, passe cola sobre a cúpula e fixe os retalhos de tecido colorido um a um. Em seguida, utilize o descosturador para encaixar as sobras de tecido nos vincos. 5. Repita o procedimento pra colar o tecido verde estampado. Corte dias tiras de 3 cm de soutache e e fixe-as no espaço entre a cestinha e o balão. Use o descosturador para encaixar melhor as pontas. 6. Corte 17 x 18 cm no tecido verde estampado. Faça uma dobra de 1 cm em cada extremidade e, com a cola branca, fixe-a. Passe cola na base do abajur e comece a encapar haste do abajur, dando uma volta completa com o tecido. Se necessário, corte o excesso nas extremidades. Corte um pedaço de tecido estampado verde e forre toda a base com a cola branca.

Fotos André Wittner Criação e execução France Truglio (para 1001 Artes Atelier)

Estante restaurada com tecido adesivo

Materiais:

• Estante de madeira • 7 placas de 70 x 50 cm de tecido adesivo, da Flok • Estilete • Isqueiro • ¼ de tinta esmalte à base água branca • Rolinho de espuma pequeno • Pincel trincha ¾ • Lixa de madeira nº 180 • Espátula

Capa para cadeira – passos

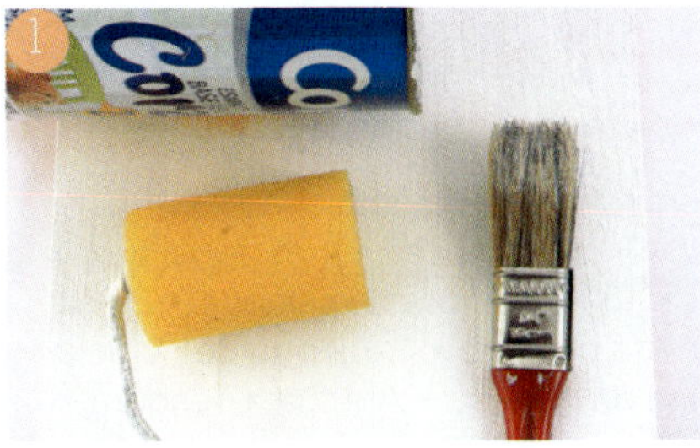

1. Lixe a estante, inclusive a área que será forrada com tecido. Com o rolinho de espuma e a trincha, dê quatro demãos de tinta branca, intercalando 40 minutos de secagem. 2. Meça o móvel e corte o tecido adesivo de acordo com as medidas obtidas. Remova a película protetora, posicione o tecido sobre a madeira e cole. Use a espátula para facilitar a adesão do tecido. 3. Refile as rebarbas com o estilete e queime com o isqueiro para remover o desfiado do tecido e dar melhor acabamento. Dica: o tecido adesivo é impermeável, portanto, não é necessário usar impermeabilizantes líquidos.

Fotos André Wittner Criação e execução Eduardo Trofimoff (com produto Flok Tecido Adesivo)

Capa para cadeira de balanço

◄ Materiais:

Almofada de encosto para cadeira • Tecido de algodão nas cores verde-pistache, rosa, branca, floral lilás, lavanda e azul-clara • Termocolante • Ferro • Manta acrílica • Feltro na cor pele • Linha nas cores rosa, verde, lavanda, azul-royal, branca e pele • Tesoura • Florzinhas de enfeite • Máquina de costura Brother CQ 9000, da Serv Mak • Moldes

1. Transfira os moldes para o avesso do termocolante. Recorte com uma sobra de 0,5 cm e fixe as partes nos tecidos escolhidos. Recorte sobre o risco. 2. Corte o tecido branco numa medida que seja possível cobrir toda a almofada de encosto, dando a volta de cima para baixo. Cole os recortes do desenho da grávida no início do tecido, que será a frente da almofada. 3. Corte a manta acrílica no mesmo tamanho do tecido e posicione-a no avesso deste. Corte duas faixad de 5 cm de largura no tecido lavanda. Junte direito com direito e, com ponto jours, costure uma faixa em cada lateral do tecido branco já com a manta posicionada.

4. Quando chegar no final do tecido, dobre 1 cm da lateral ainda não costurada de uma das faixas e faça o bico como uma caixinha de leite. Pela lateral dobrada, costure as duas partes da faixa. Faça o mesmo na outra lateral do tecido. 5. Desvire a peça para o direito. No desenho, faça matinhos ao lado da grávida e os ramos do buquê com o ponto caseado e a linha verde. Faça o contorno da grávida com ponto caseado, usando a linha nas cores correspondentes aos tecidos. Costure as florzinhas de pano no buquê. 6. Coloque a almofada dentro da capa e feche a abertura de baixo com ponto falso, à mão.

Fotos André Wittner Criação e execução Cissa Mesquita (com produtos Serv Mak)

Luminária e saia de berço – passos

Luminária em formato de balão

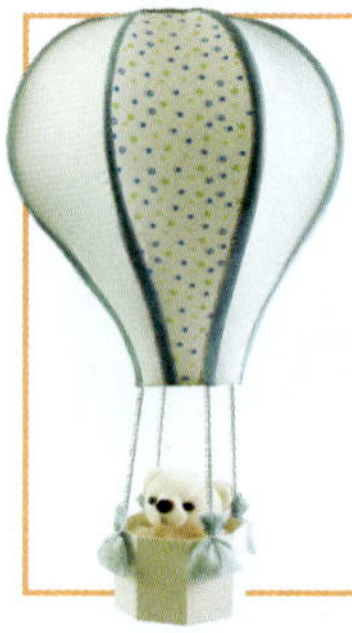

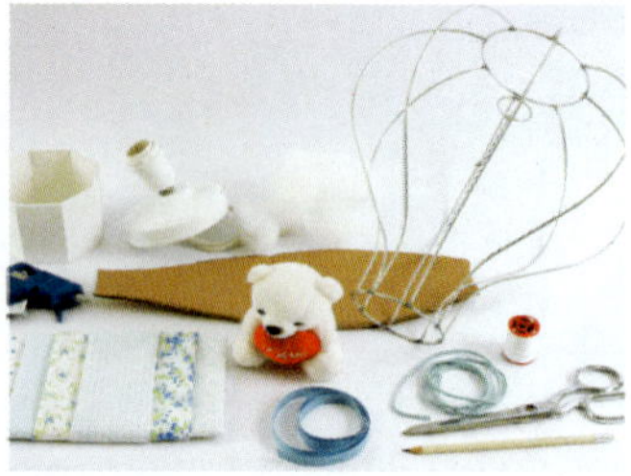

Materiais:

1 armação de arame para lustre em forma de balão fechado • 1 m de tecido master para patch (ref. 12549), da Estilotex • 4 m de viés azul • 50 cm de cordão trançado azul • 100 g de fibra de silicone • Linha branca nº 10 • 1 cestinha de madeira ou vime • 1 ursinho de pelúcia • Kit elétrico para lustre • Máquina de costura • Agulha • Tesoura • Cola quente • Papelão • Lápis

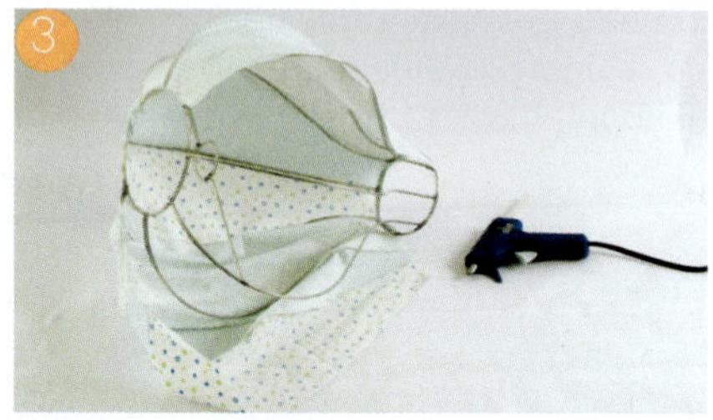

1. Posicione a armação do balão no papelão e, com o lápis, risque o contorno de um dos gomos para tirar o molde. Corte com tesoura, em seguida transfira o molde 8 vezes para o tecido e recorte. 2. À máquina, emende as 8 partes pelo avesso. Mas não feche a lateral, a boca nem o fundo do balão, conforme mostra a imagem. 3. Passe cola quente na junção dos gomos da luminária e fixe o tecido, posicionando-o e esticando-o de maneira que encaixe perfetamente nos gomos da luminária.

4. Corte o viés seguindo a risca de cada gomo e fixe as tiras com cola quente. 5. Corte 4 tiras de cerca de 15 cm no cordão trançado azul. Com cola quente, cole-as na parte inferior do balão unindo-o com a cestinha de madeira. 6. Recorte 4 retângulos de 10 x 7 cm no tecido. Dobre cada um ao meio, passe uma costura à máquina em toda a volta e vire o saquinho para o direito. Encha-o com a fibra de silicone até a metade e amarre com a linha 10.

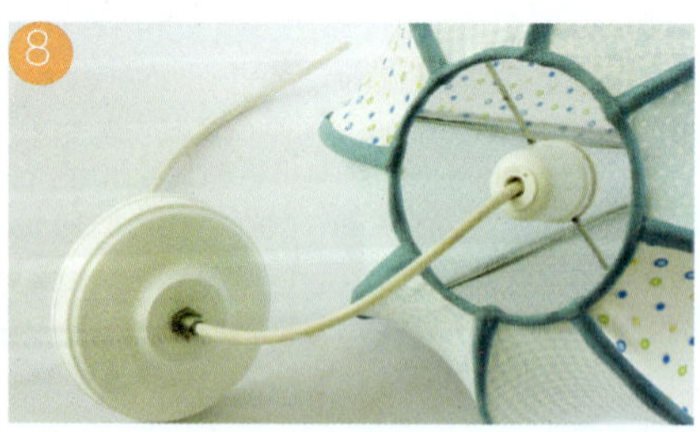

7. Com a cola quente, fixe os saquinhos nas laterais da cestinha, escondendo as pontas dos cordões. Coloque o ursinho dentro da cesta. 8. Monte o kit elétrico na boca do balão.

Fotos André Wittner Criação e execução Tatiane Delphino (com produtos Estilotex)

Saia de berço

Materiais:

Tecidos piquet e master (ref.12549), da Estilotex • Linha branca • Viés • Máquina de costura

1. Recorte um retângulo de 66 cm x 1,37 m no piquet. Faça babados com o tecido Master e, à máquina, costure nas laterais do piquet. Nos babados, faça uma barra de 1 cm para dar acabamento. 2. Corte 4 tiras de 35 cm do viés, dobre ao meio e costure. Faça laços com as tiras e costure-os nos cantos da saia.

Fotos André Wittner Criação e execução Sandra Barros (com produtos Estilotex)

Almofadas com patch apliquê

◄ Materiais:

1 rolo de espuma de 15 cm de diâmetro x 65 de comprimento • Entretela dupla-face, da Tec Label • 60 x1,40 m de piquet branco; 51 x 45 cm de fustão branco; 40 cm x 1,40 m de tecido de poá verde-água; e Retalhos de tecidos em tons pastéis, da Fernando Maluhy • Linha para bordar marrom e nos tons dos tecidos • Lápis preto • Tesoura • Agulhas • Fita métrica • Máquina de costura • Base de corte • Ferro de passar • Molde

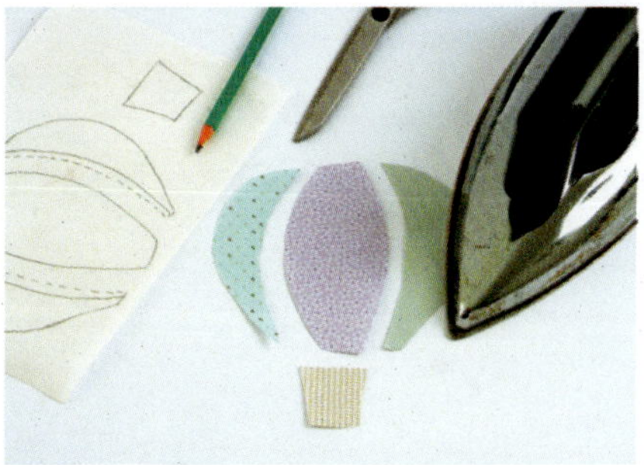

1. No piquet branco, corte uma faixa de 51 cm de largura. Dobre no sentido do comprimento e costure. Então, dobre 17 cm de tecido para dentro em cada lado da faixa e faça uma bainha. 2. Transfira e recorte cada uma das partes do desenho do balão para a entretela dupla-face, lembrando de deixar o lado da cola voltado para baixo. Posicione cada parte no avesso do retalho de tecido escolhido, passe a ferro e recorte. 3. Retire a película protetora de cada recorte e aplique-os no retângulo de fustão (45 cm de comprimento e 51 cm de altura). Borde o desenho com pontos palito e caseado, conforme a imagem.

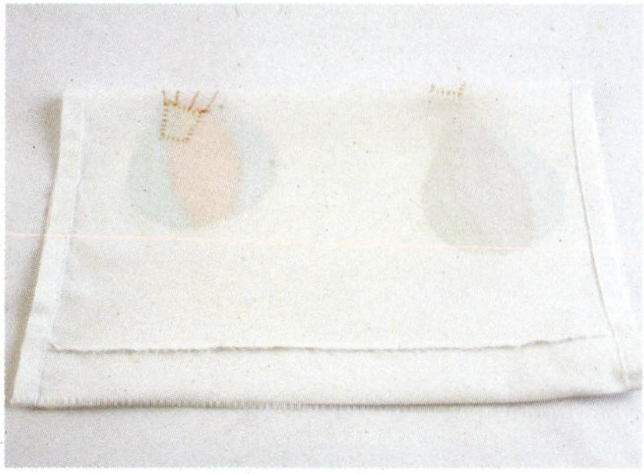

4. Dobre o fustão ao meio e costure formando um tubo. Faça a bainha nas pontas. 5. Corte duas tiras de 70 x 16 cm no tecido de poá verde-água. Dobre ao meio no sentido do comprimento e costure a volta toda, deixando uma abertura para desvirar. Desvire e feche a abertura com uma costura à mão. 6. Faça a montagem do rolo de espuma sobrepondo os tubos de piquet e fustão. Amarre as tiras, formando laços nas extremidades. Dica: forre a rolo de espuma com TNT para facilitar a colocação dos tubos de piquet e fustão.

Fotos André Wittner Criação e execução Luciana Pumputis (para Ateliê Pontos e Encontros, com produtos Fernando Maluhy e Tec Label)

Celebre!

Chá de bebê, batizado e até a festa do primeiro aninho. Tudo merece ser contemplado! Diante disso, nas próximas páginas, apresentamos comemorações de encher os olhos

Associar o útil ao agradável é essencial. Pensando nisso, Virgínia Galvinho inovou com o bolo de fraldas. Uma maneira de dar à mamãe um produto muito necessário e, além disso, decorar o chá de bebê.

Fotos: Camila Calicchio • Produção: Vera Lúcia Ayres

O bebê nasceu! Então, que tal apostar na delicada ideia de Cris Torchia e avisar os amigos e familiares com um fofo cartão-aviso com aplicação de urso de feltro? No conteúdo, não se esqueça de dizer o quão saudável e feliz o xodó veio ao mundo.

O potinho de balas decorado com tecido e scrap é outra sugestão de Carla Castilho. Repare como as cores e as estampas escolhidas criam uma delicada composição!

Decorar o quarto do pequenino às vezes é uma tarefa difícil! Virgínia Galvinho mostra como fazer lindos miniquadrinhos com carton mousse e deixar o cantinho do bebê ainda mais aconchegante.

Também de Virgínia Galvinho, o minipote de vidro, decorado com tecido e acompanhado de uma colherzinha, é uma opção caprichosa para lembrancinha. Fácil de confeccionar, o mimo será um sucesso para comemorar a chegada do pequeno.

Para decorar, Virgínia Galvinho fez um lindo vaso de metal com pintura e aplicação de tecidos e fitas. Um diferencial é colocar, além de flores, roupinhas para bebê dentro da peça.

Latinhas de metal decoradas com scrap são a sugestão de Carla Castilho. Inovando o conteúdo, a artesã trocou os confeitos coloridos por um terço. Ideal para lembrança de batizado. A dica é utilizar latinhas de pastilhas recicladas.

Para quem gosta de guloseimas, Hiléia Maués criou uma meiga caixinha de cartonagem forrada com tecido. Além de carregar os doces, a peça pode se tornar decorativa e utilitária na casa dos convidados.

A minimamadeira de acrílico decorada com biscuit por Arlene Freitas é mais uma opção caprichosa para lembrancinha. Já o bloquinho de anotações decorado com scrap, feito por Adriana Tambellini, garante a memória desse dia especial.

Quadrinhos de carton mousse

Materiais

Quadrado de MDF • Retângulo de EPS na medida do quadrado • Tecidos variados, da Fernando Maluhy • Cola branca • Lápis • Estilete • Espátula • Alfinete • Régua • Pincel • Ganchinho • Risco

1. Passe cola branca no quadrado de MDF e fixe a placa de EPS. Com um lápis, transfira o risco de urso para o centro do EPS e, com o auxílio da régua, risque uma margem de 2,5 cm em toda a volta. Com o estilete, faça um vinco por toda a marcação. estilete. 2. Corte os tecidos a sua escolha, deixando 0,5 cm a mais do que a área a ser coberta. 3. Com o pincel, passe cola na área de EPS a ser coberta e fixe o tecido correspondente. Com a espátula, empurre as bordas do tecido para dentro do vinco. Repita o procedimento para cobrir todo o desenho. Prenda um alfinete da fralda do ursinho, para enfeitar.

4. Passe cola na parte de trás do quadrado de MDF. Recorte um pedaço de tecido do tamanho do quadrinho e fixe-o nessa parte. Deixe secar por 5 minutos e pregue o ganchinho que pendurará o quadro na parede.

Variação

Faça diversos bichinhos para alegrar o quarto de seu bebê ou presentear a futura mamãe.

Fotos André Wittner Criação e execução Virgínia Gavinho (para Atelier Todas as Artes, com produtos Fernando Maluhy)

Caixinha forrada com tecido

Materiais:

1 caixa de MDF • 7 x 7 cm de manta acrílica • 25 x 10 cm de cartolina • 30 x 30 cm de tecido de algodão marrom • 50 x 50 cm de tecido de algodão amarelo • 1 m de viés marrom • 1 fuxico marrom • 1 laço estilo Chanel • Cola branca • Cola pano • Pincel de cerdas macias • Rolinho de espuma • 1 ursinho de acrílico • Pistola de cola quente • Fita de cetim marrom nº 0 • Esteca • Tesoura

Caixinha forrada – passos

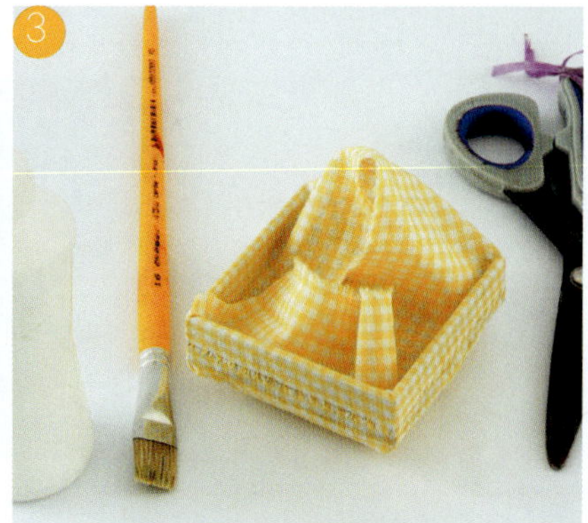

1. Com a cola branca, fixe a manta acrílica sobre a tampa. Recorte os excessos com a tesoura. 2. Recorte um quadrado de 11 cm de tecido amarelo. Com o pincel e a cola branca, fixe o tecido nas laterais da tampa, cobrindo a manta acrílica. 3. Recorte um retângulo de 34 x 7 cm de tecido amarelo e, com o pincel e a cola branca, fixe-o na parte externa da tampa. Ainda com o pincel, passe a cola nas laterais externas e internas da tampa e fixe os tecido, dobrando as sobras para dentro.

4. Agora, com o pincel e a cola branca, fixe as sobras de tecido no fundo da tampa, pressionando os cantos com a esteca. Com a tesoura, recorte um círculo de 4 cm de diâmetro de cartolina e forre-o com o tecido marrom. Depois, com a cola branca, fixe o círculo já forrado sobre a união dos tecidos, no fundo da tampa, para dar acabamento. 5. Com a tesoura, corte 32 cm de viés e, com a cola pano, fixe-o na lateral da tampa. Depois, cole o laço sobre o viés. Dica: deixe as emendas do viés no centro de uma das laterais, assim você poderá cobri-las com o laço. 6. Com a cola quente, fixe o fuxico no centro da tampa e o ursinho de acrílico sobre o fuxico. Para decorar, com a fita de cetim, faça um lacinho no ursinho.

7. Recorte um retângulo de 30 x 11 cm de tecido marrom. Depois, com o rolinho, espalhe a cola branca sobre as laterais da caixa e forre-a com o tecido, deixando 0,5 cm de tecido para baixo. Com o pincel e a cola branca, fixe a sobra de 0,5 cm no fundo da caixa e as sobras maiores dentro da peça. Com a esteca, pressione os cantos e, com a tesoura, recorte o excesso. 8. Recorte 2 quadrados de cartolina, sendo um com 6 cm e o outro com 6,5 cm. Com o pincel e a cola branca, forre-os com o tecido marrom. Depois, com o pincel e a cola branca, fixe o quadrado maior no fundo externo da caixa e o menor na parte interna, cobrindo as bordas do tecido.

Fotos: André Wittner Criação e execução: Virgínia Gavinho (para Atelier Todas as Artes, com produtos Fernando Maluhy)

Latinha para terço

◀ Materiais

Latinha pequena • Miniterço • Papéis de scarp noz-moscada e duo-bolas na cor gergelim, da Repeteco • Furador Scallop, da Fiskar • Furador de borda Doily Lace, da Martha Stewart • Furador de ursinho, da Toke e Crie • Flower Soft Ultra Fine Sand • Cola branca para scrap • Plumante • Estilete • Tesoura • Régua • Base de corte • Fita dupla-face • Fita-banana

1. Com o estilete sobre a base de corte e fazendo acabamento com o furador de borda, corte 18 cm no lado mais claro do papel noz-moscada. No mesmo papel, corte com a tesoura um círculo de 3,5 cm de diâmetro. Com o furador Scallop, corte no lado mais claro do papel gergelim. Com o cortador de ursinho, corte o lado mais escuro do mesmo papel. 2. Com a cola de scrap, aplique o floquinho Flower Soft no recorte de ursinho. Repita a operação se necessário. 3. Com tesoura, recorte metade da largura da fita dupla-face e cole-a na borda recortada do papel noz-moscada. Ponha o plumante dentro da latinha, junto com o terço. Cole a borda "rendada" no corpo da latinha. Com fita-banana, fixe uma flor cortada com o furador Scallop dentro e fora da tampa. Com a fita dupla-face, cole o círculo marrom em cima da florzinha e, com a fita-banana, aplique o ursinho no centro.

Fotos André Wittner Criação e execução Carla Castilho

Minimamadeira com ursinho de biscuit

◀ Materiais:

Minimamadeira acrílica (box baby); e Base redonda, da Florbras • Placa acrílica com mensagem • 5 g de massa de biscuit marrom; 70 g de massa de biscuit amarelo-bebê; e 10 g de massa de biscuit branca, da Polycol • Minirrosas • Fita de cetim, da Sinimbu • Tinta plástica preta, da Gato Preto • Pincel nº 422-00, da Condor • Cola instantânea 200, da Tekbond • Esteca • Miniboleador • Balança de precisão

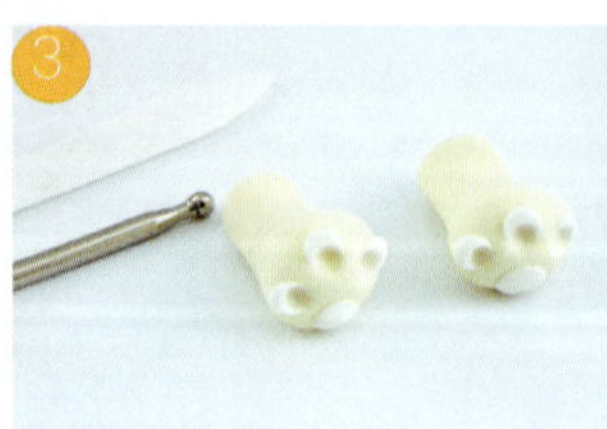

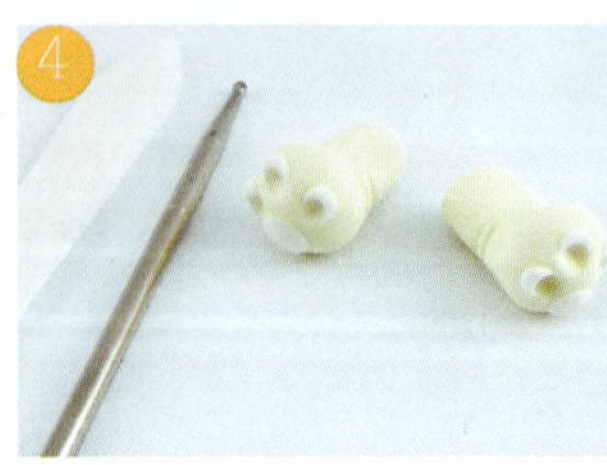

1. Com 20 g de massa amarela, faça uma bolinha e, depois, modele em formato de pêra, para compor o corpinho de urso. Com a esteca, faça "ruguinhas" na laterais. 2. Com 7 g de massa amarela, modele um rolinho, deixando um lado maior que o outro. Repita o procedimento para compor a outra perninha. 3. Com a massa branca, faça 6 bolinhas pequenas. Depois, fixe 3 delas no lado mais largo da perna e, com o boleador, pressione as bolinhas para formar os dedinhos. Repita o procedimento com as demais 3 bolinhas na outra perna. 4. Com 5 g de massa amarela, repita os procedimentos do passo 2 para compor os bracinhos do urso.

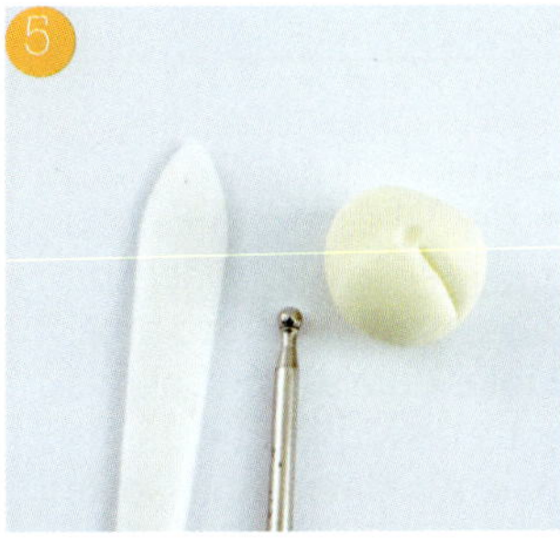

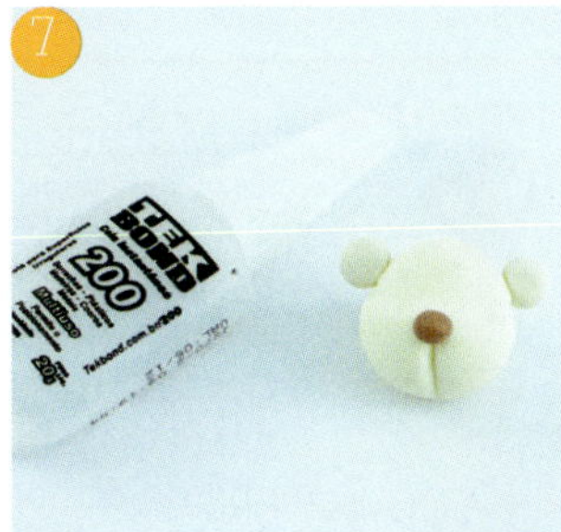

5. Com 13 g de massa amarela, modele um rolinho em formato de pêra "gordinha". Com a esteca, marque do meio até o centro para fazer a boca e, com o boleador, pressione onde será o nariz. 6. Com a esteca, marque "ruguinhas" nas laterais da cabeça. Com a massa marrom, faça uma bolinha pequena e fixe-a na cabeça de urso para compor o nariz. 7. Faça duas bolinhas pequenas levemente achatadas. Com a cola permanente, fixe-as na cabeça para compor as orelhas de urso. 8. Modele um filete de massa amarela, dobre ao meio e fixe-o na cabeça de urso, para formar o cabelinho. Agora, com o boleador e a tinta, carimbe duas bolinhas para fazer os olhos. Depois, com o pincel, faça a sobrancelha e os cílios.

9. Centralize a minimamadeira na base e, com a cola, fixe o corpo na base e na mamadeira, depois as pernas e braços, montando o urso. Insira um palito de dente no corpo do ursinho, passe cola e fixe a cabeça. Dica: use pouca cola para não deixar o trabalho esbranquiçado. 10. Faça uma bolinha com a massa amarela e, com a cola, fixe-a no ursinho para compor o rabinho. Para finalizar, ainda com a cola, fixe um lacinho de fita, a minirrosa e a plaquinha acrílica. Deixe secar por sete dias.

Fotos Fernanda Venâncio.Criação e execução Arlene Freitas (para Caixas e Fricotes)

Potinhos de vidro

Materiais:

Potinhos de vidro • Tecido amarelo-bebê com poá, da Fernando Maluhy • Tesoura de picotar • Fita de cetim branca • Botãozinho em formato de ursinho • Cola quente • Cola pano • Lápis • Colherzinhas de plástico

1. Marque um círculo de 10 cm de diâmetro no tecido e corte com a tesoura de picotar. Fixe o tecido em volta da tampa do vidro com a cola pano. 2. Recorte tiras de fita de cetim branca, passe em volta da tampa do vidrinho e faça um laço. Com cola quente, fixe um botãozinho sobre o laço. 3. Utilize a cola quente para prender uma colher de plástico atrás do potinho.

Fotos André Wittner...Criação e execução Virgínia Gavinho (para Atelier Todas as Artes, com produtos Fernando Maluhy)

Convite para chá de bebê

Materiais:

Feltro nas cores marrom e amarelo bebê; e Fibra de poliéster, da Feltros Santa Fé • Tecido amarelo, da Fernando Maluhy • Entretela dupla face, da Tec Label • Fita xadrez de 7 mm; Bordado contínuo de estrelas autocolante; e Bordado contínuo de borboletas com termocolante, da Najar • Cola de contato, da Amazonas • Tesoura • Tesoura de picote, da Mundial • Linhas de bordar amarela e marrom Unchorperlet; Agulhas; e Alfinetes, da Coats Corrente • Caneta permanente marrom, da Toke e Crie • Cartolina branca • Ferro de passar • Molde

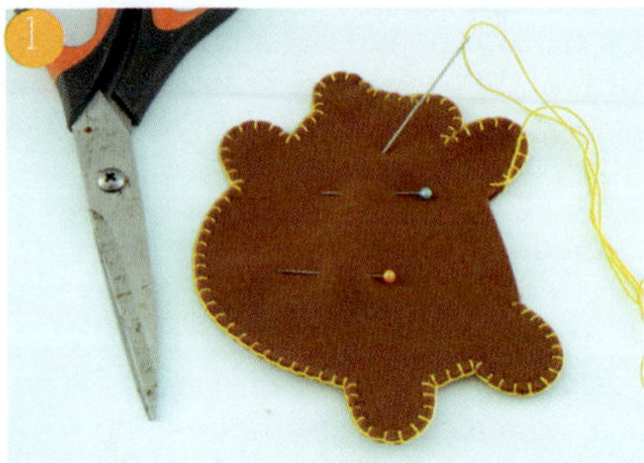

1. Com a caneta permanente, risque o molde do urso no feltro marrom 2 vezes e recorte. Prenda com alfinetes e costure com pontos caseados usando a linha de bordar amarela. Deixe dois dedos de abertura na parte da barriga. 2. Preencha o urso com a fibra de poliéster e feche com a linha de bordar amarela. Depois, recorte o feltro amarelo em formato oval. Com a linha amarela, pregue com ponto palito na região do focinho. Utilize a linha marrom para bordar o nariz e as orelhas com ponto cheio, a boca com ponto atrás e os olhos com nó francês. 3. Corte uma tira de 10 x 2 cm no tecido amarelo e faça um "X" para formar um laço. Com a tesoura de picotar, corte uma tira do mesmo tecido e passe-a no meio do laço para segurar.

4. Coloque 1 pinguinho de cola de contato do meio do laço e encoste-o no corpo do urso. Espere 2 minutos para evaporar o solvente e fixe o laço. 5. Recorte a mediada de 23 x 15 cm na cartolina e dobre ao meio. Cole o bordado contínuo de estrelas nas extremidades e o bordado de borboletas nas laterais. 6. Posicione a entretela sobre o tecido amarelo e, por cima, deixe o ferro morno por 15 segundos. Desse tecido adesivado, corte um quadrado de 7,5 cm com a tesoura de picote.

7. Arranque a película da entretela e cole o quadrado no canto inferior direito da cartolina. Passe cola permanente no urso e "carimbe" sobre o tecido. Espere 2 minutos e fixe-o sobre no tecido. Corte uma fita de 55 cm do tecido amarelo, passe por dentro do convite e dê um nó.

Fotos André Wittner... Criação e execução Chris Torchia (com produtos Fernando Maluhy, Feltros Santa Fé, Fitas Najar, Mundial, Coats Corrente, Amazonas, Toke e Crie e Tec Label)

Bloquinho de notas

Materiais:

Bloquinho de nota do tipo Moleskine • Papéis de scrap nas cores marrom e amarela, da Doodlebug • Papel de scrap amarelo com letrinhas, da We R Memory Keepers • Papel de scrap na cor noz-moscada, da Repeteco • Furador Scallop, da Fiskar • Furador Doily Lace, da Martha Stewart • Palito de dente • Alfabeto Teeny Alpha braun block, da Glitz • Tinta relevo Dimensional Metallic ouro, da Acrilex • Envelope adesivo dourado, da Stuffed • Carimbeira marrom • Cola branca para scrap • Tesoura • Base de corte • Régua • Fita-bananavLixa P280 • Estilete • Molde

1. Com o estilete sobre a base de corte, corte o papel amarelo da Doodlebug na medida 19 x 13,5 cm. Com o furador Scallop, faça um recorte no papel amarelo de letrinhas. No papel marrom, recorte duas faixas de 9 x 2 cm e 9 x 3 cm e decore uma das laterais maiores com o furador Doily Lace. 2. Passe a cola no recorte de papel amarelo da Doodlebug, encape o bloquinho e aguarde 5 minutos de secagem. Com o estilete, recorte as sobras do papel seguindo a forma do bloquinho. 3. Passe a lixa delicadamente nas bordas do bloquinho para retirar as sobras de papel e, em seguida, aplique a carimbeira, dando o efeito distress (envelhecido).

4. Com a cola, fixe as faixas já decoradas na metade de baixo da capa, sobrepondo-as conforme a imagem. Recorte as rebarbas. Na florzinha cortada com o Scallop, passe a carimbeira nas bordas e, com a cola, fixe-a no centro do bloquinho. 5. Com lápis, transfira o molde de ursinho para o papel noz-moscada e corte com tesoura. Com a fita-banana, cole-o no centro da florzinha. 6. Transfira e recorte o molde da bandeirinha no papel amarelo de letras e passe a carimbeira nas bordas. Com o alfabeto, cole as letras do nome do bebê no centro da bandeirinha. Com a cola de scrap, fixe a bandeirinha no palito e aguarde 5 minutos de secagem.

7. Cole a bandeirinha no ursinho com cola de scrap. Com a tinta relevo, faça pequenas bolinhas na parte inferior do caderno. Aguarde a secagem por cerca de 15 minutos. 8. Para a parte interna do caderno, corte 2 retângulos de 9,5 x 13,5 cm no papel amarelo da Duddlebug. Com a cola, fixe-os nas contra-capas do bloquinho. Aguarde a secagem por 5 minutos e, com o estilete, faça o acabamento nas bordas. Cole o envelope adesivo no verso do do bloquinho.

Fotos André Wittner... Criação e execução Adriana Tambellini

Fotos: Sidney Doll • Produção: Sheila Rodrigues • Texto: Aline Ribeiro • Realização: Tatiana Ulhôa, da Decorando Emoções

Esse momento é uma data muito especial na vida das famílias cristãs, pois é quando a criança renasce para a vida religiosa. Pensando assim, deve ser comemorado de maneira simples, porém inesquecível

Seguindo a linha "Do it yourself" – conceito muito usado nos EUA e famoso por aqui como o popular "Faça você mesma" –, a diretora executiva de eventos Tatiana Ulhôa, da Decorando Emoções, elaborou uma mesa para celebrar o batismo com elementos superfáceis de ser encontrados, como flores e balões brancos.

Sabe aqueles potinhos de bala Tic-Tac? Decore-os com uma simples forma de docinho, conforme mostra a foto, e faça o acabamento com um lacinho de cetim. Uma ideia econômica e encantadora para oferecer como lembrancinha!

Elaborado pelo Atelier Silvia Carlos, o bolo foi um dos protagonistas da mesa. Decorado com cores claras e pequenos detalhes, ornou perfeitamente com toda composição.

Use formas de docinhos para empilhar alguns marshmallows. Por fim, coloque-os em saquinhos de plástico e faça um lindo laço com fita de cetim.

Já as balinhas de coco podem ser colocadas em saquinhos de papel. Finalize sempre com delicadeza, no caso com um belo laço. Esse detalhe faz toda diferença!

Os bem-nascidos são obrigatórios. Siga a decoração da festa para personalizá-los!

Para decorar a mesa, use as louças brancas que já tem em casa. As flores de mesma cor também garantem um toque de paz que a celebração exige.

Recheie biscoitos tipo maisena com doce de leite e arremate a ideia com laços. Note que a sensibilidade faz toda diferença para compor a mesa.

Já as garrafinhas de leite de coco podem ser reutilizadas para colocar sucos gelados. Que delícia!

Caixas de presente podem ser usadas como apoio para os docinhos. Coloque algumas mais altas e outras nem tanto, assim sua mesa terá o movimento desejado.

Batizado – passos

Xícaras podem fazer as vezes de vasos para adornar flores de papel. Que tal aprender o passo a passo desse arranjo a seguir? Você vai precisar de ½ folha de papel de seda, tesoura, estilete e arame.

1. Com o estilete, corte a metade da folha de papel de seda em três partes iguais, formando três tiras. 2. Junte as três partes do papel de seda e dobre em duas partes iguais, cortando com o estilete nas duas dobras formadas.

3. Dobre os nove pedaços de papel de seda de forma sanfonada. 4. Prenda as folhas no meio da "sanfona" com o arame. 5. Corte com a tesoura as extremidades da "sanfona" em forma de bico.

6. Com as mãos, abra delicadamente a "sanfona" como se fosse formar uma flor. 7. Vá abrindo com muito cuidado folha por folha, deixando o arame para baixo. 8. Depois de puxar todas as folhas, o resultado é este!

A porquinha favorita da criançada é um dos temas mais bacanas para o primeiro aninho da criança. Que tal se inspirar nessa ideia?

Fotos: Mônica Antunes • Produção: Cristiane Alberto

Com o sucesso do desenho animado, atualmente não há melhor tema para personalizar os itens da comemoração que a turminha da Peppa Pig. Pensando nisso, Carla Cristina Castilho, da ScrapSis, lançou mão da técnica de scrap para dar outra cara ao copo e ao prato de acrílico. Superfácil!

Já pensou nas guloseimas da festa? As confeiteiras de mão cheia da Cookies e Cia, Raquel Cotrim e Adriana Pereira, optaram pelo glacê real para decorar os biscoitos no palito com os formatos de Mamãe e Papai Pig. Assim, a mesa fica linda e os convidados satisfeitos.

1

2

3

4

1. Não poderia faltar, é claro, o destaque para o nome do aniversariante da vez. A dica de Carla Cristina Castilho, da ScrapSis, é utilizar a tradicional bandeirola e personalizá-la com detalhes únicos, como a combinação de cores e os recortes em formato do rosto da Peppa nas pontas, que certamente enriqueceram o trabalho. Fica lindo! 2. O bolo da comemoração é tarefa para a Drica Cake Confeitaria Artesanal. Com as cores e os elementos do universo Peppa Pig, a cake designer Drica Moraes, junto com sua equipe, decorou o modelo de dois andares com pasta americana, e cumpriu a missão com sucesso. O resultado é encantador! 3. Fuja do comum! A capa de cadeira em formato de coroa, confeccionada por Paty Moniz, do Ateliê Patywork, é perfeita para dar o toque final à decoração do ambiente de forma inovadora. E, o melhor, é totalmente feita com feltro e superprática! 4. Nesta sugestão da artesã Daniela Barboza, o gracioso porta-retratos foi todo trabalhado com técnicas de artesanato em EVA.

Festa Peppa Pig – passos

Biscoitos decorados

Materiais

4 xícaras (de chá) de farinha de trigo • 200 g de manteiga • 1,5xícara(dechá)deaçúcar • 1colher(dechá)defermento • 1 colher (de sopa) de baunilha • 2 ovos

Modo de fazer:

Misture os ingredientes em uma tigela até ganhar textura. Depois, amasse com as mãos até formar uma massa uniforme.

Materiais de decoração:

Massa de biscoito amanteigado • Tesoura • Palito de churrasco • Palito de dente • Glacê real tingido nas cores rosa-bebê, vermelha, branca, preta e rosa-escura • Glacê fluido nas cores rosa-bebê e vermelha • Rolo • Fita de cetim • Plástico • Faca • Farinha de trigo • Saquinhos e bicos de confeitar • Moldes

1. Polvilhe farinha sobre a mesa e estique a massa com o rolo. Posicione o molde sobre a massa e, com a faca, corte-a de acordo com o elemento. 2. Coloque o palito de churrasco dentro da massa. Em uma forma, leve ao forno médio/alto por 15 minutos. 3. Com o auxílio de bicos de confeitar, faça o contorno do rosto da Peppa, das mãos e dos pés com o glacê real rosa-bebê, o contorno do vestido com o glacê vermelho, e o contorno do sapato com o glacê preto. Espere secar por cerca de 2 horas. 4. Com o glacê fluido, preencha os espaços de acordo com as cores do contorno. Com o auxílio do palito de dente, espalhe o glacê. Aguarde secar por cerca de 4 horas. Dica: o tempo de secagem varia de acordo com o clima. Se preciso, aguarde o biscoito secar de um dia para o outro. 5. Faça os detalhes do rosto da Peppa com o glacê real e o bico de confeitar. Aguarde secar por cerca de 6 a 8 horas. 6. Quando o biscoito estiver seco, embale-o com o plástico e arremate com um laço feito com a fita de cetim. Quando embalado, o produto dura cerca de 20 dias em temperatura ambiente.

Fotos: André Wittner **Criação:** Raquel Cotrim e Adriana Pereira (para Cookies e Cia)

Receitinha de Beijinho

Rendimento: 25 unidades

Grau de dificuldade: fácil

Tempo de preparo:
30 minutos

Ingredientes:
1 lata de leite condensado
1 xícara (de chá) de leite de coco
2 xícaras (de chá) de coco ralado
Manteiga sem sal (para untar)
Coco ralado ou açúcar cristal (para envolver os docinhos)

Modo de preparar:
Misture o leite condensado, o leite de coco e o coco ralado em uma panela e leve ao fogo médio, mexendo sempre até desprender do fundo da panela. Despeje o preparo em um prato untado e deixe esfriar. Unte as mãos com a manteiga, modele bolinhas com a massa obtida e passe-as pelo coco ralado ou pelo açúcar cristal. Sirva-os em forminhas de papel.

Festa Peppa Pig – passos

Bandeirola

◄ Materiais

Papéis para scrap nas c res verde-azulado com poá, rosa--bebê, pink, branca, vermelha e preta, da Toke e Crie • Tesoura • Cola quente • Fita banana • Fita bolinha na cor pink • Estilete • Régua • Cola branca • Lápis • Base de corte • Máquina de corte apropriada para trabalhos com scrap, como Cricut ou Silhouette

1 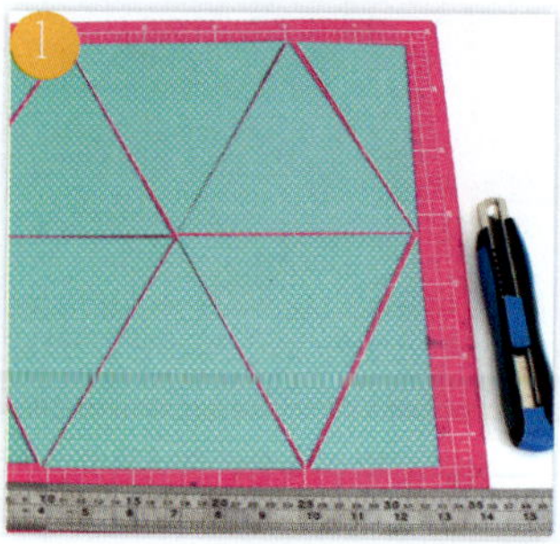

2 

3 

4 

5 

1. Com o lápis e o auxílio da base de corte e da régua, faça um risco vertical e um risco horizontal no meio do papel verde-azulado, formando 4 quadrados de 15 cm x 15 cm. Depois, faça uma marca na metade de cada quadrado, ou seja, a cada 7,5 cm. Ligue as pontas do papel às marcações formando 6 triângulos. Com o estilete, recorte os elementos. Repita o procedimento para obter o número suficiente de bandeirinhas para o nome do aniversariante. 2. Com a máquina de corte, recorte as letras do nome do aniversariante a partir dos papéis rosa-bebê e pink, sendo um modelo utilizado para o fundo e o outro para a frente das peças. Depois, junte as letras com a cola branca, conforme a imagem. 3. Com a fita banana, fixe as letras sobre as bandeirinhas recortadas no passo 1. 4. Com a máquina de corte, recorte as partes que compõem o rosto da Peppa. Utilize o papel pink para a base do rosto e dos olhos, os detalhes do focinho e a bochecha. Utilize o papel rosa-bebê para rosto e orelhas, os papéis branco e preto para os olhos, e o vermelho para a boca. Com a cola branca, junte todos os elementos, como indica a imagem. 5. Com a tesoura, recorte 2,5 m de fita de bolinha. Com a cola quente, fixe as bandeirinhas sobre a fita, centralizando-as.

Fotos André Wittner Criação e execução Carla Cristina Castilho (para ScrapSis)

Receitinha de Bicho-de-pé

Rendimento: 30 unidades

Grau de dificuldade: fácil

Tempo de preparo: 1 hora

Ingredientes:
1 colher (de sopa) de manteiga sem sal
1 lata de leite condensado
3 colheres (de sopa) de Nesquik® sabor morango
Manteiga sem sal (para untar)
Açúcar (para envolver os docinhos)

Modo de preparar:
Leve ao fogo a manteiga, o leite condensado e o Nesquik®, mexendo sempre até desprender do fundo da panela. Despeje o preparo em um prato untado e deixe esfriar. Unte as mãos com um pouco de manteiga, enrole os docinhos e passe-os pelo açúcar. Sirva-os em forminhas próprias para docinhos.

Festa Peppa Pig – passos

Capa de cadeira com formato de coroa

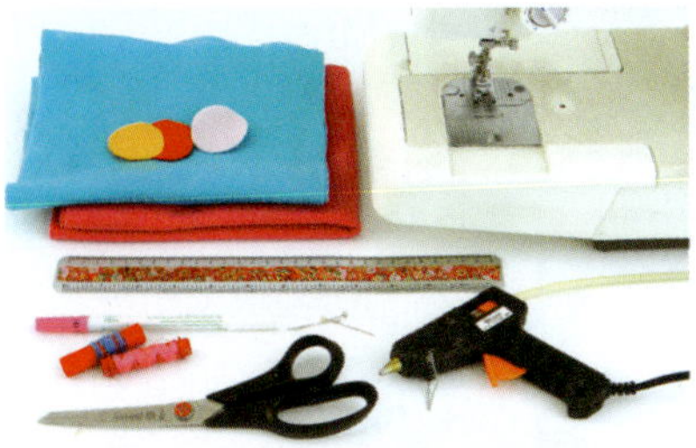

Materiais

Feltro nas cores pink, azul, amarela, vermelha e rosa-bebê • Tesoura • Máquina de costura • Cola quente • Régua • Caneta de duas pontas própria para costura • Linhas de costura nas cores rosa e azul • Alfinetes

1. Com a caneta e o auxílio da régua, meça e marque sobre o feltro pink as medidas 44 x 42 cm. Depois, desenhe no topo da peça as 4 pontas da coroa. Com a tesoura, faça 2 recortes com as mesmas medidas e formato. Em seguida, recorte um círculo a partir de cada retalho de feltro colorido. 2. Dobre a parte debaixo da peça para formar uma barra e costure à máquina, conforme a imagem. Repita o procedimento com o outro recorte. 3. Costure frente e verso da peça à máquina, passando a costura inclusive pelas pontas da coroa. 4. Desvire a peça. Com a cola quente, fixe os círculos de feltro coloridos sobre as pontas da coroa para finalizar. Dica: para melhor acabamento da peça, tire as medidas do encosto da cadeira a ser utilizada com fita métrica e adapte o tamanho da capa.

Fotos André Wittner   Criação e execução Paty Moniz (para Ateliê Patywork)

Pratos e copos decorados

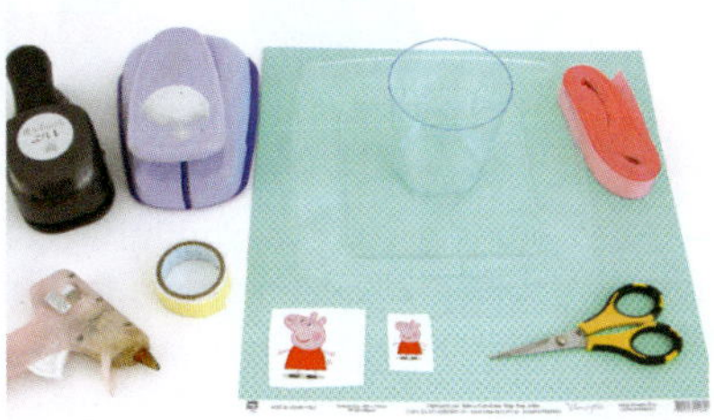

Materiais

Papel para scrap na cor verde-azulado com poás, da Toke e Crie • Imagens da Peppa impressas em papel couché 230 g na cor branca (proporcionais ao tamanho do copo e do prato) • Furadores de círculo de 1,5'' e 3'' • Fita de gorgorão de 2 cm na cor rosa • Tesoura • Cola quente • Fita banana • Prato e copo de acrílico

1. Com a tesoura, recorte as imagens impressas da Peppa. Com o papel verde-azulado, faça um círculo com cada um dos furadores. 2. Com a fita banana, fixe a figura menor sobre o círculo pequeno. Com a cola quente, fixe a figura maior sobre o círculo grande. 3. Com a tesoura, recorte a fita de gorgorão de acordo com o tamanho do copo. Com a cola quente, fixe a fita ao redor do copo e cole o círculo menor sobre a emenda. 4. Com a tesoura, recorte a fita de gorgorão de acordo com o tamanho do prato. Com a cola quente, fixe o círculo maior no verso do prato, conforme a imagem. Depois, fixe a fita por cima.

Fotos André Wittner   Criação e execução Carla Cristina Castilho (para ScrapSis)

Festa Peppa Pig – passos

Porta-retratos

Materiais

• 2 placas de EPS de 10 cm x 10 cm • Cola instantânea • Cola quente • Estilete • Tesoura • Pincel chanfrado, da Condor • Tinta acrílica na cor vermelha, da Triarte • EVA de 5 mm na cor rosa, da Seller • EVA de 2 mm nas cores rosa, rosa-escura, azul-clara, branca, preta, amarela, verde e vermelha, da Seller • 1 bolinha de EPS de 20 mm • 2 olhos móveis pequenos • Lixa comum • Sanduicheira • Lápis • Palito de churrasco • Moldes

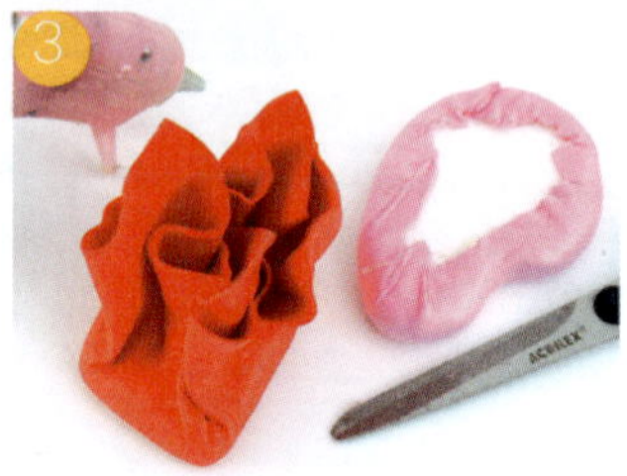

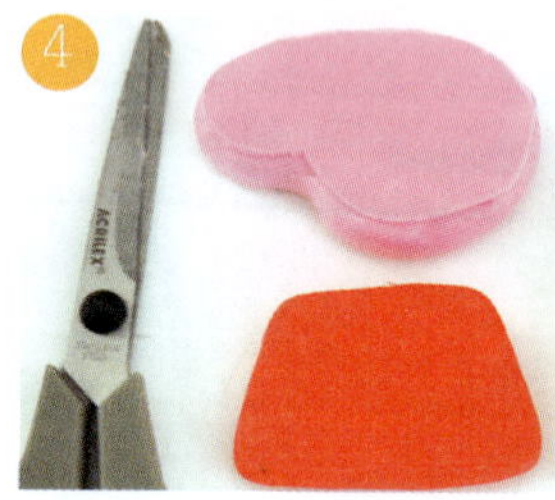

1. Com o lápis, transfira os moldes do rosto e do corpo da Peppa para as plaquinhas de EPS. Com o estilete, recorte as peças e lixe-as. 2. Esquente os retalhos de EVA vermelho e rosa na sanduicheira. Depois, envolva o EVA rosa na placa de EPS com o formato do rosto, e o EVA vermelho no EPS com o formato do corpo, moldando as peças. 3. Com a cola quente, cole as sobras do EVA sobre o EPS, apertando bem as bordas. Com a tesoura, recorte os excessos. 4. Com o palito de churrasco, transfira os moldes do corpo e do rosto da Peppa para o EVA com as mesmas cores utilizadas nos passos anteriores. Com a cola instantânea, fixe os elementos no verso de suas respectivas placas de EPS para dar acabamento.

5. Com a sanduicheira, aqueça um retalho pequeno de EVA preto e modele-o com a bolinha de EPS, como indica a imagem. Com a cola quente, cole as sobras envolvendo toda a bolinha e recorte o excesso com a tesoura. 6. Com o estilete, recorte metade da bolinha e, depois, corte o elemento ao meio novamente, conforme a foto. 7. Com a cola quente, fixe os meio-círculos obtidos no passo anterior em um retalho de EVA preto. Com a tesoura, recorte-os para formar os sapatinhos da personagem. 8. Com o palito de churrasco, transfira o molde da perninha da Peppa para o EVA rosa. Com a tesoura, recorte o elemento, faça um rolinho e cole-o com a cola instantânea. Repita o procedimento para formar a outra perna.

9. Com a tesoura, faça um pequeno corte diagonal na ponta das pernas para encaixar os sapatinhos. Com a cola instantânea, fixe todos os elementos, conforme a imagem. Com retalhos de EVA preto, faça o acabamento na sola dos sapatos. 10. Com o palito de churrasco, transfira os moldes dos braços e das orelhinhas para o EVA rosa, e o molde da bochecha para o EVA rosa-escuro. Com a tesoura, recorte as peças e fixe-as sobre o corpo e o rosto da Peppa com a cola instantânea. Utilize a cola quente para fixar os olhinhos móveis. 11. Com o palito de churrasco, risque o focinho e a boca sobre o rosto da Peppa. Com o pincel chanfrado e a tinta, desenhe os elementos. 12. Com o auxílio do lápis e do palito de churrasco, transfira os outros moldes para os EVAs coloridos. Com a tesoura e o estilete, recorte todas as peças.

13 

14 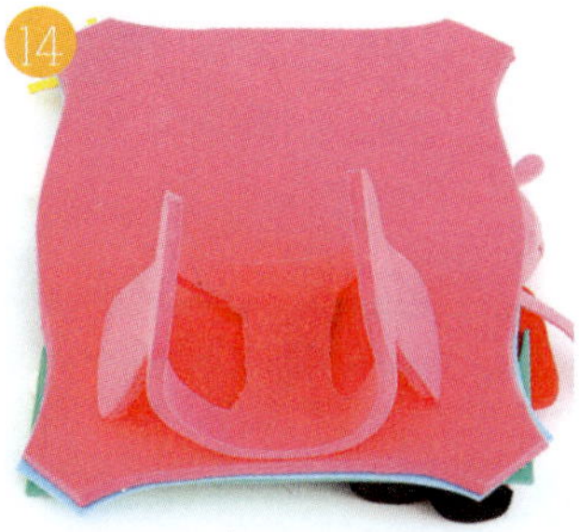

13. Com a cola instantânea, fixe apenas a base e as laterais da partes que compõem o porta-retrato, mantendo a abertura na parte de cima para encaixar a foto. Depois, fixe os elementos decorativos e a Peppa sobre a peça. 14. Aplique a mesma cola apenas sobre o centro do suporte do porta-retrato e fixe-o no verso da peça. Para finalizar, dobre as laterais para dar apoio.

Fotos André Wittner Daniela Barboza (para Arte em EVA by Dany Barboza, com produtos Seller e Triarte)

Bolo decorado

INGREDIENTES

Massa: 1 xícara (de chá) de manteiga com sal • 2 xícaras (de chá) de açúcar • 1 xícara (de chá) de creme de leite acrescida de 1 colher (de sopa) de vinagre • 1/2 xícara (de chá) de leite • 1 colher (de chá) de essência de baunilha • 5 ovos • 3 xícaras (de chá) de farinha de trigo • 1 colher (de sopa) de fermento em pó

Recheio: 3 latas de leite condensado • 1 xícara (de chá) de açúcar • 4 xícaras (de chá) de água

Decoração: Pasta americana • Corante em gel nas cores que desejar • Glacê real

Modo de preparo: Massa: 1. Preaqueça o forno a 180 °C. Unte e enfarinhe uma forma redonda e reserve-a. 2. Peneire a farinha de trigo. Misture à ela o creme de leite, o leite e o vinagre e mexa delicadamente. Reserve. 3. Em uma tigela, e com o auxílio de um fouet, bata a manteiga com o açúcar na batedeira por cerca de 15 minutos, até obter uma mistura clara e fofa. Junte os ovos um a um, batendo bem após cada adição. Acrescente a mistura de leite reservada e mexa bem. 4. Adicione a farinha de trigo delicadamente ao preparo e misture bem. Some o fermento e misture delicadamente a massa. 5. Coloque a massa na forma untada e enfarinhada. Leve ao forno por 35 minutos até o bolo ficar bem douradinho. Faça o teste do palito. 6. Retire do forno e deixe o bolo descansar sobre uma grade de resfriamento.

Recheio: 1. Cozinhe três latas de leite condensado por 40 minutos na panela de pressão. Deixe esfriar, retire da lata e reserve em um recipiente. 2. Faça uma calda com 4 xícaras de água e 1 xícara de açúcar. Ferva essa mistura e deixe esfriar

Decoração: 1. Depois que a massa, o recheio e a calda esfriarem, proceda a montagem do bolo. Siga sempre a ordem massa/calda/recheio. Deixe o bolo com 7 a 9 cm de altura. Não coloque muita calda. Não use frutas naturais, pois podem soltar calda e melar a pasta americana. 2. Depois da montagem, faça uma massa com o farelo de bolo que sobrou, calda e um pouco de recheio. Passe a mistura pelas laterais do bolo para retirar as imperfeições. 3. Separe a pasta americana e tinja com corante em gel nas cores que desejar, de acordo com as instruções da embalagem. 4. Com um rolo grande, abra as pastas em uma superfície de mármore ou granito, polvilhando um pouco de amido nesta etapa. Dica: cuidado para não manchar a pasta com o amido. 5. Cubra o bolo com a pasta e vá acertando as laterais. Retire as sobras. 6. Para modelar as peças decorativas, como os presentes e as flores, é necessário polvilhar as mãos com um pouco de amido ou, para os dias secos, passar gordura vegetal como se fosse um hidratante. 7. Para garantir o melhor acabamento dos elementos, é preciso praticar bastante com a pasta. Modele as peças de acordo com sua criatividade, o mais breve possível. Quanto mais aquecida pelo contato das mãos a pasta estiver, mais difícil será fazer a modelagem e as peças não resistirão ao calor. 8. Para fazer os desenhos com glacê real, utilize o saco para confeitar com matriz e bico liso Perlê nº 2. Procure seguir os desenhos dos personagens. Quanto maior a prática, mais firmes sairão os riscos.

Foto Mônica Antunes Criação e execução Daniela Barboza (para Arte em EVA by Dany Barboza, com produtos Seller e Triarte) Texto Bruna Neto

Fotos: Rodrigo Estrella • Produção: Sheila Rodrigues • Realização: Tatiana Ulhôa, da Decorando Emoções

Para enriquecer a mesa, Cláudia Borges sugere doces com pingos de tintas. Você também pode decorar os deliciosos bolinhos com paletas e pincéis de pasta americana.

Quer uma lembrancinha surpreendente? Utilizando feltro bege e retalhos, crie um estojo para guardar lápis de cores e gizes de cera. A criançada vai adorar!

Que tal se inspirar na canção de Toquinho para criar uma festa de aniversário infantil? Em meio a muitas tintas, lápis e pincéis, será possível pintar o sete!

"Numa folha qualquer eu desenho um sol amarelo, E com cinco ou seis retas é fácil fazer um castelo. Corro o lápis em torno da mão e me dou uma luva, E se faço chover, com dois riscos tenho um guarda-chuva." Toquinho

"E com cinco ou seis retas é fácil fazer um castelo
Que descolorirá
Giro um simples compasso e num círculo eu faço o mundo
Que descolorirá..."

1. Inspirada na estrofe: "Se um pinguinho de tinta cai num pedacinho azul do papel", Cláudia Borges criou um bolo repleto de cores. Feito de pasta americana, o topo traz um pote de tinta azul derrubado e, entre os andares, um menino desenha um mundo de sonhos coloridos. Assim, deveria ser o imaginário de cada um de nós...

2. "Numa folha qualquer eu desenho um sol amarelo..."

3. Dos enfeites de parede aos canudos, a dica é optar por cores primárias e vibrantes.

4. Popcakes e pirulitos também podem ser decorados com "pingos de tinta". Basta usar a criatividade com corantes comestíveis coloridos!

5. Nada melhor que apostar no scrapbook para inovar na composição do convite. Nesta proposta de Carla Castilho, da ScrapSis, já é possível oferecer gizes de cera junto ao horário e local da festa!

Doce aquarela – passos

Convite

Materiais

Base de corte • Boleador • Cola branca • Estilete • Fita-banana • Fita de cetim laranja • Giz de cera • Papel de seda • Papel para scrapbooking Duo Bolas lavanda, Duo Bolas limão, liso vermelho, liso laranja, da Repeteco • Papel para scrapbooking liso branco, da American Craft • Régua • Saco de celofane de 8 x 20 cm • Tags impressos com informações da festa • Tesoura

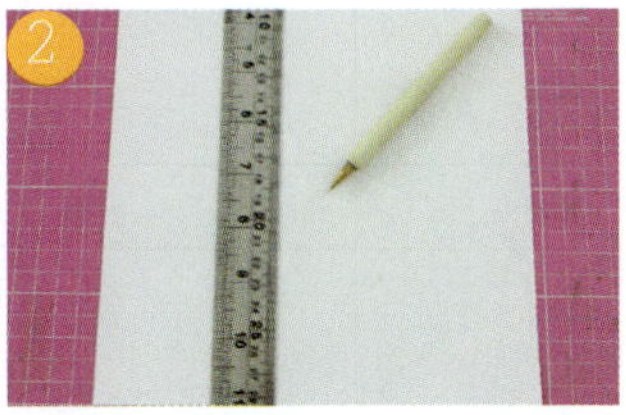

1. Corte o papel liso branco em um quadrado de 20 cm. 2. Com o boleador, vinque uma marcação de 8 cm de cada lado. 3. Corte os quatro quadrados laterais com a tesoura. Vinque cada lado da caixa para dentro. 4. Corte um retângulo de 3,5 x 7,5 cm de cada papel decorado.

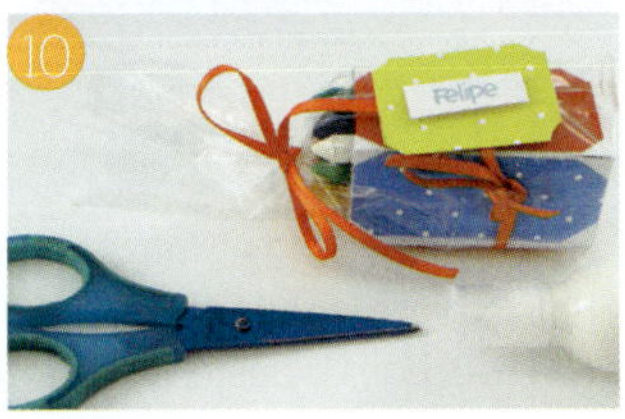

Fotos André Wittner Criação e execução Carla Castilho (para a ScrapSis)

5. Corte os cantos dos retângulos e cole-os na lateral externa da caixa. 6. Use a fita-banana para colar os tags com os dados da festa na parte interna. 7. Corte um quadrado de 4 cm da folha de seda e coloque no fundo da caixa para proteger o tag. 8. Feche a caixinha e amarre com a fita de cetim laranja. Coloque o giz de cera. 9. Recorte um retângulo de 5 x 3,5 cm, corte as quinas e cole o nome do convidado com fita banana. 10. Coloque o convite dentro do saquinho de celofane, amarre com a fita laranja e cole o tag no laço.

Cupcakes

Materiais

Base de silicone • Cortadores circular em formato de círculo e flor • Cupcake • CMC • Pasta americana nas cores amarelo e branca • Pincel nº 02 chato • Rolinho compressor

1. Com o rolinho, estique a pasta americana branca e corte um círculo. Estique a massa amarela e use o outro cortador para fazer uma flor. 2. Com o pincel, passe um pouco de CMC na parte de cima do cupcake e cole o círculo branco. Dê uma leve esticada na flor para que ela fique com formato de mancha e cole com CMC. Com a massa amarela, faça alguns pinguinhos para enfeitar.

Fotos André Wittner
Criação e execução Cláudia Borges

Doce aquarela – passos

Bolo

◄ Materiais

Açúcar impalpável • Alisador • Arame • Base de isopor nos tamanhos 15, 20 e 25 cm • Base de silicone • Canetas coloridas comestíveis • CMC • Copo de plástico • Corante amarelo e azul • Cortadores variados • Esteca • Faca • Palito de churrasco • Palito de dente • Palito de pirulito • Pasta americana nas cores preta, marrom, cinza, branca, verde, pink, laranja, amarelo, azul, pele e vermelho • Pincéis nº 02 e 1 polegada • Pires • Rolinho compressor

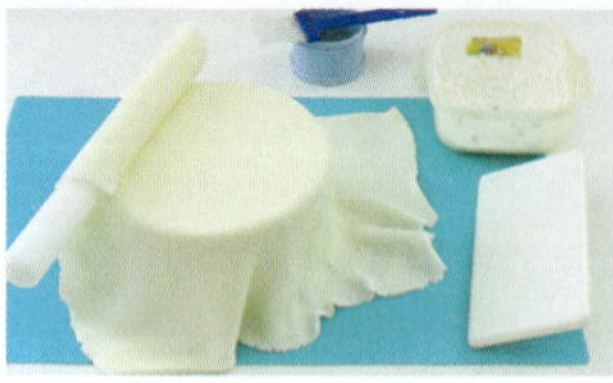
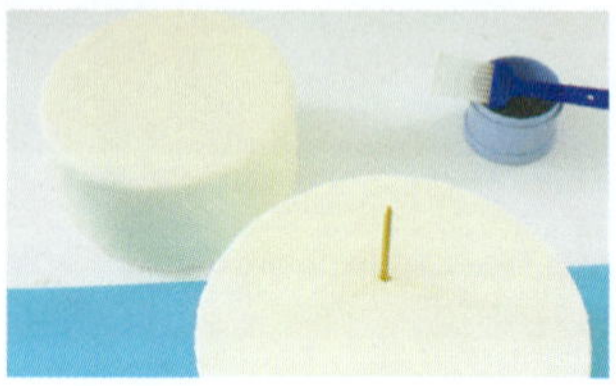
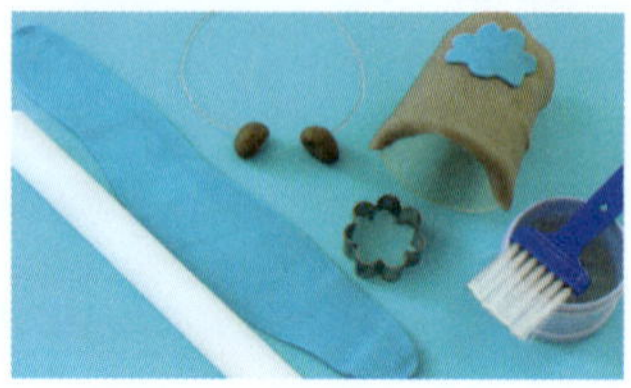

1. Abra bem a massa com o rolinho. Para que ela não grude na base de silicone, use o açúcar impalpável. Em seguida, use o pincel de 1 polegada para passar CMC nas três bases de isopor. Enrole a pasta no rolo e jogue-a por cima da base. 2. Modele a massa com as mãos e corte as sobras com a faquinha. Use o alisador para retirar imperfeições e marcas de dedo. Com um palito de churrasco e o CMC, junte as três partes. 3. Estique a massa cinza com o rolinho. Passe CMC em toda a lateral do copo de plástico e encape-o de cinza. Faça duas bolinhas com a massa cinza e achate. Coloque o arame para que seja a lateral do baldinho. Com a massa azul, faça uma flor e estique para ficar em formato de mancha. Abra a massa azul e coloque dentro do copo, para que ela caia sobre o bolo. 4. Com o CMC e o pincel nº 07, cole o balde na parte superior.

5. Abra a massa marrom e corte, com a faquinha, uma paleta de cores. Use o cortador circular para fazer as tintas e cole-as com CMC. Para fazer a bisnaga, modele um rolinho com a pasta cinza, achate a parte de trás e enrole com as próprias mãos. Para a parte da frente, faça bolinhas achatas cinzas. Cole tudo com o CMC. Faça um furo com o palito de pirulito. Use a massa laranja para fazer uma tirinha saindo da bisnaga. 6. Com os cortadores variados, faça figuras de lápis, árvore, coração, barquinho e manchas de tinta. Para fazer o pincel, modele um cilindro de massa marrom. Faça uma bolinha e achate. Para as cerdas, faça uma coxinha e risque com a faca. Cole tudo com CMC. Com as mãos, corte um guarda-chuva, um castelinho e alguns números. 7. Para fazer o menino, faça um retângulo de massa vermelha e achate. Com a faquinha, corte ao meio para fazer as pernas e dobre a parte da frente para cima. Para fazer a blusa, faça uma bolinha grande de massa verde e uma outra bolinha menor para a gola. Modele também uma bolinha da massa cor de pele para ser a cabeça. Com a faquinha, marque a boca do menino. Faça os olhinhos de bolinhas marrons e o nariz com massa cor de pele. 8. Use o palito de dente no meio das partes para dar suporte ao corpo do menino. Para o cabelo, faça tirinhas de massa marrom e cole na cabeça com CMC. Para a orelha, faça uma bolinha achatada e dobre ao meio.

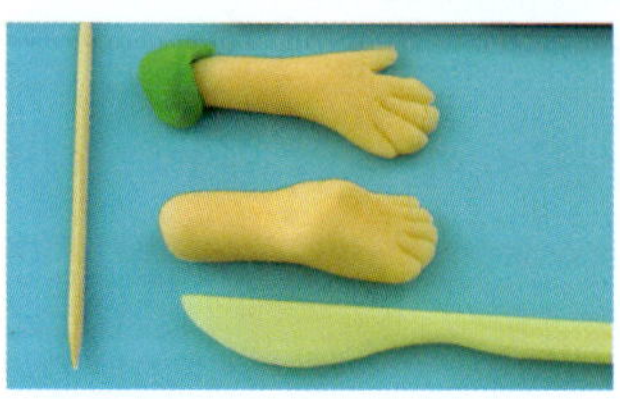

9. Para os bracinhos, faça uma tirinha da massa cor de pele e achate a ponta. Com a faquinha, corte o polegar e modele com as mãos. Depois, corte os outros quatro dedos do menino. Use a massa verde para fazer a manga da camiseta. Para o pezinho, faça uma tirinha da massa cor de pele e modele as pontas com as mãos. Modele o calcanhar e corte os dedinhos do pé. Passe um palito de dente pelos bracinhos e perninhas e fixe no corpo do menino. 10. Use o CMC para colar o menino e o coração vermelho no bolo. 11. Ainda com CMC, cole todos os enfeites, como a bisnaga, a paleta de cores, os lápis e as figuras. 12. Com uma massa qualquer, modele uma mão. Despeje o corante amarelo no pires, molhe a mãozinha e carimbe-a no bolo. Use as canetinhas comestíveis para rabiscar.

Fotos André Wittner Criação e execução Cláudia Borges

Onde encontrar

Artesãos e artistas plásticos

Alessandra Nascimento
Tels.: (11) 4217-0522 / 97080-1740
www.artesaalessandranascimento.blogspot.com

Chris Torchia
Tel.: (11) 99295-1430
christorchiax@gmail.com

Claudia Borges
Tel.. (11) 99358-5952
www.facebook.com/bolosbolinhoseoutrasfofuras

Cissa Mesquita
vendas@serv-mak.com.br

Daniela Barboza
Tel.: (11) 96730-5093
barboza.daniela@yahoo.com.br
www.artedadany.blogspot.com.br

France Truglio
1001 Artes Atelier
Tel.: (11) 2598-1650

Jacy Silva
Atelier Casinha de Tecido
http://www.elo7.com.br/lista/atelie-casinha-de-tecido

Edna Gomes
Tels.: (11) 2302-9161, (19) 3428-9504
artes.edna@hotmail.com

Eduardo Trofimoff
Tel.: (11) 2307-6373
edutroff@hotmail.com

Leila e Nena Jacob
Tel.: (11) 2605-2747

Luciana Pumputis
Ateliê Pontos e Encontros
Tel.: (11) 2834-2724
lu_miauu@yahoo.com.br
http://bypontoseencontros.blogspot.com

Maria Odete
Tel.: (11) 5971-844
modetepinturas@ig.com.br

Maria Thereza de Toledo
Tels.: (11) 3621-4908, 3832-7966
mttoledo2011@hotmail.com

Paty Moniz
(Ateliê Patywork)
Tel.: (11) 99310-8625
www.ateliepatywork.elo7.com.br
www.ateliepatywork.com.br
ateliepatywork@yahoo.com.br

Sandra Barros
www.sandrobarros.com

Tatiane Delphino
www.tatianedelphino.com.br

Vlady
www.ateliedovlady.com.br

Empresas

Acrilex
Tel.: (11) 4397-9255
Ramais 202/271
www.acrilex.com.br

Brother
http://www.brother.com.br/site/

Casa da Arte
Tel.: (11) 2914-7277 – Mooca
Tel.: (11) 5044-0166 – Brooklin
Tel.: (19) 3254-7355 – Campinas
www.casadaarte.com.br

Coats Corrente
SAC: 0800-702-1310
Tel.: (11) 2061-6900
www.coats.com.br

Cookies e Cia
http://cookieecia.blogspot.com.br/

Decorando Emoções
www.decorandoemocoes.com.br

Döhler
http://www.dohler.com.br/

Estilotex
SAC: 0800- 771- 8395
www.estilotex.com.br

Feltros Santa Fé
Tel.: (11) (11) 2487-4255
sac@feltrossantafe.com.br
www.feltrossantafe.com.br

Fernando Maluhy
Tel.: (11) 3325-2015
www.fernandomluhy.com.br

Flok Tecido Adesivo
Tel.: (11) 5575-9839
www.tecidoadesivo.com.br

Najar
http://site.najar.com.br/

Scrap Sis
Tel.: (11) 3078-7891
www.scrapsis.com.br

Serv Mak
Tel.: (11) 2295-1022
www.serv-mak.com.br

Tec Label
Tel.: (11) 2182-9400
www.teclabel.com.br

Telanipo
www.telanipo.com.br

Toke e Crie
www.tokecrie.com.br

Material de apoio

Capa para cadeira
Seção Viaje nesta ideia

Quadro
Seção Chá de bebê

Convite
Seção Chá de bebê

Bloquinho
Seção Chá de bebê

Abajur
Seção Viaje nesta ideia

Almofada
Seção Novidade

Body
Seção Novidade

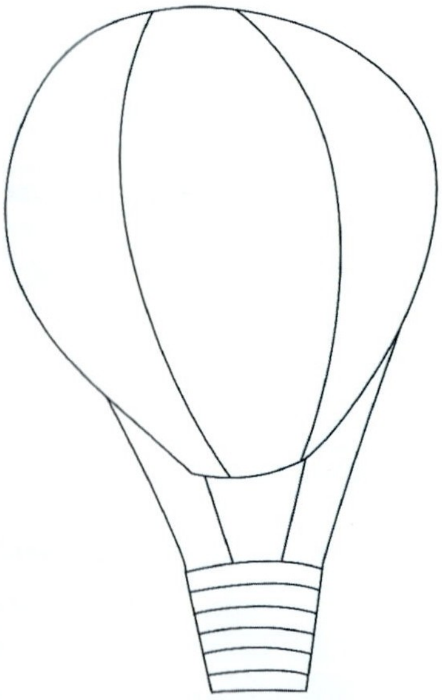

Almofada de bala
Seção Viaje nesta ideia

Kit higiene
Seção Novidade

Cabeceira de berço
Seção Doce Infância

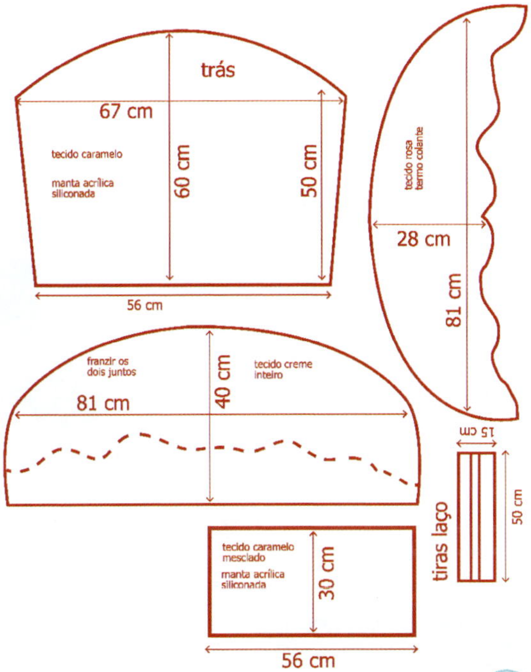

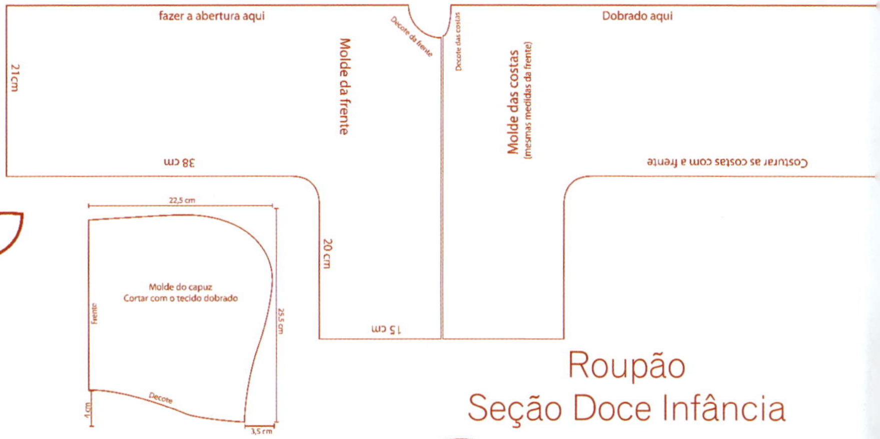

Roupão
Seção Doce Infância

Cupcake
Seção Doce Infância

Quadro
Seção Puro aconchego

Porta-trecos
Seção Organize

Biscoitos decorados
Seção Festa Peppa

Porta-retratos
Seção Festa Peppa

Doce aquarela – passos

◄ Materiais

Agulha • Botão de pressão • Caneta para tecido • Cola quente • Feltro na cor bege e retalhos variados • Linha • Molde • Tesoura

Lembrancinhas

Modo de fazer: Dobre o feltro ao meio e, com a caneta para tecido, risque o molde. Com a tesoura, recorte o feltro. Costure com pontos palitos toda a volta da peça. Em seguida, faça uma tira de 22 x 9 cm para a parte interna do estojo e costure-a na peça com ponto palito. Posicione o botão de pressão e fixe-o. Corte os retalhos coloridos de feltro para fazer a tinta e cole-as com cola quente.

◄ Materiais

Agulha • Botão de pressão • Cola quente • Feltro na cor verde e retalhos variados • Molde • Linha • Tesoura

Estojo pingos de tinta

Modo de fazer: Corte um quadrado de feltro verde de 24 x 24 cm. Dobre a peça ao meio e costure com pontos palitos toda a sua volta. Posicione o botão de pressão e fixe-o no estojo. Risque o molde nos retalhos de feltro, recorte e, com a cola quente, cole-o sobre a peça.

◄ Materiais

Agulha • Botão de pressão • Cola quente • Feltro branco e retalhos variados • Linha • Molde • Tesoura

Estojo aquarela

Modo de fazer: Corte uma tira de feltro branco de tamanho 19 x 21 cm, dobre-a ao meio e costure toda a sua volta com pontos palitos. Posicione o botão de pressão e fixe-o na peça. Risque o molde nos feltros de cores variadas e, com cola quente, cole-o no estojo.

Criação e execução Alessandra Nascimento